その幸せが、欲しかった。
理不尽な死と
家族の崩壊を描く、
圧巻のミステリ!!
早くも話題騒然!!
黒木 瞳（女優）さん
まさきとしかの小説は、
読者をミステリーという
底なし沼に引きずり込み、
人間の滑稽さを
人間愛へと成就させる。
伊岡 瞬（作家）さん
人生は苦く、時に甘美だ。
その光と陰を鮮烈に切り取った
手腕に脱帽!
浅野智哉（ライター）さん
ラスト1行、脊髄にズン!
ときた。見事な回収、そして呆然。
まさきとしか
クリスマスイブの夜、
新宿区の空きビルで
身元不明の女性の遺体が
発見された。
彼女はなぜ殺されなければ
ならなかったのか——
三ツ矢&田所 刑事シリーズ
第2弾、新発売!
彼女が最後に見たものは
定価858円（税込）
第1弾
あの日、君は何をした
事故死した息子は、何を
しようとしていたのか。
定価792円（税込）
累計34万部突破!
小学館文庫
愛読者サービスセンター TEL 03-5281-3555
https://www.shogakukan.co.jp

中公文庫の短篇小説

昭和の名短篇

荒川洋治 編

現代詩作家・荒川洋治が昭和・戦後期の名篇を厳選。志賀直哉、高見順から色川武大まで全十四篇を収録した戦後文学アンソロジーの決定版

文庫オリジナル ●990円 207133-9

『教科書名短篇』

中央公論新社 編 ●各770円

中学国語教科書から精選・人気シリーズ

- 人間の情景 司馬遼太郎 山本周五郎 野坂昭如 ほか 206246-7
- 少年時代 ヘッセ 安岡章太郎 三浦哲郎 ほか 206247-4
- 家族の時間 幸田 文 向田邦子 井上ひさし ほか 207060-8
- 科学随筆集 寺田寅彦 中谷宇吉郎 湯川秀樹 ほか 207112-4

- 冬の道 吉村昭自選中期短篇集 吉村 昭 池上冬樹 編 ●946円 207052-3
- 花 火 吉村昭後期短篇集 吉村 昭 池上冬樹 編 ●946円 207072-1
- 晩 夏 少年短篇集 井上 靖 ●946円 206998-5
- 子供の領分 吉行淳之介 ●946円 207132-2
- 盆土産と十七の短篇 三浦哲郎 ●946円 206901-5
- 天使が見たもの 少年小景集 阿部 昭 ●946円 206721-9
- ボロ家の春秋 梅崎春生 ●990円 207075-2
- 漂流物・武蔵丸 車谷長吉 ●990円 207094-3
- 風のない日々／少女 犯罪小説集 野口冨士男 ●1100円 207128-5

近 刊

- 日曜日／蜻蛉《とんぼ》 生きものと子どもの小品集 志賀直哉 ●946円 207154-4
- 歌のわかれ・五勺の酒 中野重治 ●1100円 207157-5

中央公論新社 〒100-8152 東京都千代田区大手町1-7-1 https://www.chuko.co.jp/ ◎ご注文は書店またはブックサービス(TEL 0120-29-9625)へ
◎書店にご注文の際は、7桁の書名コードの頭に出版社コード978-4-12をお付けください ◎表示価格には税(10%)を含みます

おすすめ文庫王国2022 目次

表紙イラスト 及川晴香（青森県八戸市・木村書店）　本文イラスト 沢野ひとし
表紙デザイン 島田 隆　本文レイアウト 金子哲郎

本の雑誌が選ぶ2021年度文庫ベストテン

CD・多田和博＋フィールドワーク

これが年間文庫

1位

『ひと』小野寺史宣／祥伝社文庫

☆面白文庫を持ち寄って今年のベストテンを決定する社員座談会。おすすめヤマケイ文庫から、ソフィアに中公まで新誌名が飛び交う中、堂々第一位に輝いたのは三冊セットの年度代表作家の傑作だ！

発人　文庫のベストテンを決めていこう。

営A　残念ながら今年もオンラインでの討論になりますが、みなさん突然大声を出したりしないよう気をつけてください。

編A　イヤフォンで聞いているから大きな声危険！

発人　浜田さんわかりましたか。

営B　はいっ!!

発人　浜田さんがしゃべるときはボリュームを下げておいたほうがいいかも。

営A　では、僕から発表します。そもそもですね、この増刊号は『おすすめ文庫王国』という誌名になってますけど、今や文庫といったらヤマケイ文庫なんですよ。

発人　えっ、そうなの？

営B　そうそう。

営A　僕と浜田さんはほぼ毎月ヤマケイ文庫の新刊を買ってる。なので今年からこの『おすすめ文庫王国』は誌名を変えることにしました。

編A　えっ?!

営A　『おすすめヤマケイ文庫王国２０２２』となりますんで皆様お見知りおきを。

発人　おいおい、ホントかよ?!（笑）

営A　そんな『おすすめヤマケイ文庫王国２０２２』のなかで、僕のおすすめは『マタギ日本の伝統狩人探訪記』です。

編A　マタギ？

営A　皆様、書き手にご注目ください。動物文学の第一人者の戸川幸夫なんですよ。戸川さんは小説を書くのにきちんと取材をされていて、マタギのところにも十年くらい通ったそうなんです。その克明なルポなんですが、最近たくさんマタギの本が出てる中で、これはその出発点であり、集大成の一冊です。

発人　一九五八年に出た本の増補・改訂版なんだ。すごいね。

営A　それからあともう一つみんな気付いてないけど、文庫と

本の雑誌が選ぶ◎文庫ベストテン

1. **ひと**
   小野寺史宜／祥伝社文庫
2. **酔人・田辺茂一伝**
   立川談志／中公文庫
3. **できそこないの世界でおれたちは**
   桜井鈴茂／双葉文庫
4. **江戸川乱歩と横溝正史**
   中川右介／集英社文庫
5. **月まで三キロ**
   伊与原新／新潮文庫
6. **徳は孤ならず**
   木村元彦／小学館文庫
7. **夢の山岳鉄道**
   宮脇俊三／ヤマケイ文庫
8. **ネットワーク・エフェクト**
   マーサ・ウェルズ、中原尚哉訳／創元SF文庫
9. **イラストで見る 昭和の消えた仕事図鑑**
   澤宮優、平野恵理子イラスト／角川ソフィア文庫
10. **偶然の聖地**
   宮内悠介／講談社文庫

いったら今は角川ソフィア文庫なんですよ。

発人　ヤマケイだけじゃないと。

営A　はい。ソフィア文庫も毎月一冊は買ってます。だから来年は『おすすめソフィア文庫王国2023』となる予定です。

発人　どんどん誌名が変わるなんて画期的だ。

営A　今年ソフィア文庫でお気に入りなのは新谷尚紀『日本人の葬儀』と『イラストで見る昭和の消えた仕事図鑑』。特に『イラストで見る昭和の消えた仕事図鑑』は、浜田さんの手元に映っている超分厚い遠藤ケイ『男の民俗学大全』（ヤマケイ文庫）と合わせて読んでほしいです。下駄の歯入れ屋とか新聞社の伝書鳩係とか女衒なんてものまでがイラスト入りで紹介されてます。

営B　面白そう。

営A　で、普通の「おすすめ文庫王国」として一番推したいのは桜井鈴茂『できそこないの世界でおれたちは』です。浜本さん読みましたか。

発人　ごめん、読んでないです。

営A　これはアラフィフのコピーライターが主人公なんですが、どうも人生が思い描いていたのとずいぶん違っちゃってどん詰まりだなって感じなんですが、それでも生きるのを肯定するような『トレインスポッティング』的な小説です。文体も最高なんですよ。なんでこんな傑作が埋もれているのかわからないくらい素晴らしい小説です。

発人　面白そう。すぐ読むよ。

営A　あとは伊与原新『月まで三キロ』と木村元彦『徳は孤ならず　日本サッカーの育将　今西和男』。以上です。

編A　続いては浜田さんの…、「おすすめヤマケイ文庫王国」ですかね？（笑）

営B　まず『男の民俗学大全』、谷口ジロー『K』、白土三平『シートン動物記』と素晴らしいヤマケイ文庫の中でもさらに一番のおすすめは、宮脇俊三『夢の山岳鉄道』。私はこれ読んでですっかり鉄になっちゃいました。

編A　えっ?!　浜田さん鉄になったの？

営B　うん。これはここに鉄道が走っていたらいいのにという宮脇さんの夢の鉄道が語られているんだけど、「上高地鉄道」とかものすごいわかるの。ああいうところって車をあまり入れてほしくないのよね。あとは四国の秘境なんだけど祖谷って知ってる？「いや」って読むんだけど。

営A　知らない。

営B　そういうすっごい行きにくいところも電車が走ってたらいいよなぁって。あとは荻上直子『川っぺりムコリッタ』（講談社文庫）、山田真由美『女将さん酒場』、ウー・ウエン『北京の台所、東京の台所』（共にちくま文庫）、原田ひ香『サンドの女三人屋』（実業之日本社文庫）とあるんですが、何よりも小野寺史宜ですね。

営A　小野寺史宜は今年いっぱい文庫が出てるよね。

営B　「おすすめ小野寺史宜文庫王国」ですよね。そんな中ではやっぱり『ひと』と『ライフ』（ポプラ文庫）と『縁』（講談社文庫）が好きです。

発人　みんなちょっとずつ舞台設定がリンクしてるんだよね。

営B　どれか一冊なんて決めきれません。

経理　じゃあ私が決めてあげます！　私のおすすめは『ひと』ですね。コロッケが食べたくなる。

発人　食べたくなりますよね。

経理　あと他の私のおすすめは伊岡瞬『不審者』（集英社文庫）、辻村深月『青空と逃げる』（中公文庫）、あと中山七里『護られなかった者たちへ』（宝島社文庫）。

編A　小林さんの一押しはどれですか。

経理　『ひと』と『護られなかった者たちへ』かな。

2位

CD・山影麻奈

酔人・田辺茂一伝

立川談志／中公文庫

3位

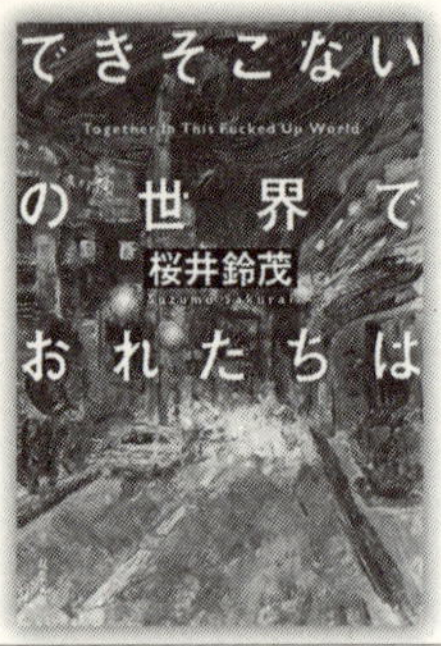

CD・大岡喜直（next door design）

できそこないの世界でおれたちは

桜井鈴茂／双葉文庫

4位

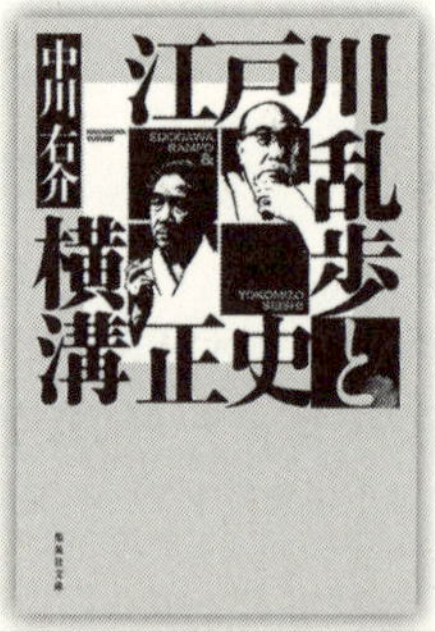

CD・成見紀子

江戸川乱歩と横溝正史

中川右介／集英社文庫

5位

デザイン・新潮社装幀室

月まで三キロ

伊与原新／新潮文庫

発人　じゃあ次は松村さん。

編A　はい。一冊目はジェフリー・ディーヴァーの『オクトーバー・リスト』（文春文庫）です。これは一章から三十六章までであって、それが三十六章から始まりどんどん遡っていく。話も面白いんですけど、読む感覚が違って、脳がおかしな感じになるんですね。やっぱり人間って時系列でものを読むんだなって。逆回しでビデオを観るのとも違うんですけどすごく不思議な文章体験でした。

営A　聞いてるだけでおかしな感じがしてきたよ。

編A　二冊目がマーサ・ウェルズ『ネットワーク・エフェクト』で、二〇一九年に出た『マーダーボット・ダイアリー』（創元SF文庫）という人嫌いで連続ドラマが大好きな警備ロボット〝弊機〟のシリーズ二作目。企業社会の殺伐っぷりが楽しい。

発人　『マーダーボット・ダイアリー』も面白かったからね。

編A　あと宮内悠介の『偶然の聖地』と『超動く家にて』（創元SF文庫）。楽しい楽しい旅行記ものと、人を食った楽しい短編集です。そして飛浩隆『零號琴』（ハヤカワ文庫JA）とキアラン・カーソン『琥珀捕り』（創元ライブラリ）、円城塔『文字渦』（新潮文庫）が文庫になりました。わーい。

営A　じゃあ、続いて高野さん。

編B　私はまずちくま学芸文庫の千葉成夫『増補　現代美術逸脱史』とちくま文庫の山下賢二『ガケ書房の頃 完全版』を。

営B　「おすすめちくま文庫王国」？

編B　いえ、そこまでは（笑）。『現代美術逸脱史』は一九八六年に晶文社から出た本の文庫化で一〇〇頁ぐらい増補が入ってる。現代美術評はリアルタイムより作品発表から少し時間が経って触れるくらいがいいです。

発人　うん。

編B　『ガケ書房の頃』ですけど、ガケ書房といえば、ここ最近の個人で新刊書店をやってみたくなってしまったという人たちのはしりかなと思うんだけど、その軌跡を一番しっかり残している本だと思うんですね。

営A　悪戦苦闘してるところをけっこう赤裸々に書いてるんだよね。思ったよりも売れないとか眠れないとか。

編B　そうそう。万引き犯のこととかね。本屋というのは楽しくておしゃれでキレイなことばかりじゃないよっていう。

営A　現代版『ぼくは本屋のおやじさん』ですね。

編B　さて、やっと中公文庫の出番がきました（笑）。

営A　「おすすめ中公文庫王国」！

発人　高野さんといえば中公文庫！

編B　常識人の必読書（笑）。中公文庫からの一冊目がまずこれ。

発人　石川信吾『真珠湾までの経緯』。

編B　はい。サブタイトルが「海軍軍務局大佐が語る開戦の真相」。「太平洋戦争へのシナリオを描いた」とかすごいんですけど。偉い人だけど一般にはあまり知られていない軍人がその人の目線で語ってます。

発人　面白そうだな。

編B　戦争に至るまでにはいろんな人が関わってて。時代背景なんかで言えることが違ってくるのもこういう本の面白さ。元本の発表は一九六〇年。

発人　さすが中公と。

編B　ね。そんな中公からもう一冊。『酔人・田辺茂一伝』紀伊國屋書店を作った人です。なんと書いてるのは立川談志。

発人　すごい組み合わせ。

編B　談志は田辺茂一と仲良しで、ずっと夜の街に居たんだけど、その談志が綴る田辺の伝記というか、短い話で落語のマクラの部分がいくつも続いていく感じなんですね。とても落ち着きがなくて談志らしい。

発人　ふむ。

編B　紀伊國屋の田辺さんっていうのは、戦後の新宿がめちゃめちゃ熱かったころにその辺を歩いていたひとだから、書店とは関係のない業界の人にも知られていた有名人だったと思うんだけど、そのことを談志が書いてる面白さと、気がつくとすぐ談志の話になっている。人物注も談志節で「小佐野賢治　悪い野郎の代名詞、～」「太地喜和子　誰にでも愛された可愛い女。」とかね。

編A　うん。

編B　「おすすめ中公文庫王国」は以上です（笑）。

発人　これでみんな終わり？　じゃあ最後に僕の番。まずは河合敦『殿様は「明治」をどう生きたのか』（扶桑社文庫）。

営A　年々歴史ものが好きになってますよね。

発人　これは第一弾なんだけど、これが売れて七月に第二弾も出てます。内容はまあタイトル通りの本で、みんなお気に入りの大名のエピソードを探してみたくなるでしょう？

営A　お気に入りの大名なんていないですよ。

発人　えっ、みんないるだろう。江戸三百藩もあるんだから（笑）。二冊目は島﨑今日子の『だからここにいる　自分を生きる女たち』（幻冬舎文庫）。安藤サクラから上野千鶴子に山岸凉子などそれぞれに取材をして書かれた短い評伝みたいなものなんだけど、なんと連合赤軍の重信房子まで取材してるんだよね。

編A　へえ。

発人　それで次が中川右介の『江戸川乱歩と横溝正史』。

営A　これは単行本で読んだけど面白かった。

発人　江戸川乱歩と横溝正史の二人だけじゃなくて、明治から昭和にかけての出版界、出版社の栄枯盛衰。博文館や講談社といった出版社が時代とどう関わってきたかっていうのがわかって、非常に面白い。僕はこれが一番オススメです。

編A　浜本さんのイチオシと。

発人　あとは萩尾望都先生の『私の少女マンガ講義』（新潮文庫）。ファンにはたまらない一冊です。

編A　それでは皆さん出揃ったということでベストテンを決めていきましょう。

営A　何が一位かな？

編B　えっ、『酔人・田辺茂一伝』で決まりでしょう！

発人　それはベストに入れてもいいと思うけど一位は違うかな。

編B　ええええ!!

営A　どんなに大きな声出してもボリューム下げちゃう。

編B　だってこれいつもお世話になっている紀伊國屋書店の創業者の話ですよ（笑）。

営A　そんな忖度は（笑）。

発人　よしわかった。二位にしよう。

編B　さすが経営者！　二位でいいでしょう（笑）。

発人　杉江が推してる『できそこないの世界でおれたちは』は面白そうだな。

営A　三位でお願いします。ほんと最高なんですよ。

編A　じゃあ、三位。

営A　一位は票数的には小野寺史宜だけど、作品が絞れない。

営B　『ひと』『ライフ』『縁』ぜんぶいいからね。

6位

CD・高柳雅人

徳は孤ならず
木村元彦／小学館文庫

7位

装丁・藤田晋也

夢の山岳鉄道
宮脇俊三／ヤマケイ文庫

8位

CD・岩郷重力＋WI

ネットワーク・エフェクト
マーサ・ウェルズ、中原尚哉訳／創元SF文庫

9位

CD・坂川朱音

イラストで見る 昭和の消えた仕事図鑑
澤宮優、平野恵理子イラスト／角川ソフィア文庫

10位

CD・坂野公一（welle design）

偶然の聖地
宮内悠介／講談社文庫

発人　三冊セットはダメなの？
編A　ダメでしょそれは（笑）。
発人　ダメかあ。その三冊の中でっていったら『ひと』が一番いいと思うんだけど。
営A　僕も『ひと』から読むのがいいと思います。
発人　よし、『ひと』が一位！
営B　小野寺史宜が一位！　うれしい!!　ヤマケイ文庫はどれを入れますか。杉江さんの挙げてた『マタギ』にする？
営A　浜田さんの推してるのでいいよ。
編B　鉄な宮脇さんの本をアウトドア系の人が楽しめるっていいと思いますよ。
営A　七位。
発人　ああそうだ、伊与原新の『月まで三キロ』は入れてよ。この作家はすごくいいよね。
営A　この後に出た『八月の銀の雪』も素晴らしいんですよ。
編A　はい。五位にしましょう。
営A　四位は浜本さんイチオシの『江戸川乱歩と横溝正史』ね。
発人　いいねえ。
編A　残りは六、八、九、十位。
営A　僕は『徳は孤ならず』を強く推したい。
編B　六位でいいんじゃない。サッカーに興味ないけど…。
営A　単なるサッカー本じゃないんだって！　サッカー版『殺人犯はそこにいる』みたいなドキドキのノンフィクションなんだって！
編B　ボリューム下げちゃったから聞こえない（笑）。
編A　私は『偶然の聖地』を入れておいてほしいです。十位でいいので。
発人　松村はいつも慎み深いね。
営A　慎み深い僕もそっと『昭和の消えた仕事図鑑』を九位にお願いします。
編B　どこが慎み深いのよ。
編A　八位が空いてるみたいなんで『ネットワーク・エフェクト』がいいですね。続編だけど一作目からぜひ読んでほしい。
営A　慎み深いフリして、ずいぶんベストにいれてない？
編A　えっ、そうですか?!（笑）
発人　上手いな。これで決まり。

私の文庫ベスト3 2021年度

☆本誌が気になる作家、評論家、翻訳家、ライター諸氏17名に2021年の新刊文庫から3冊を厳選してもらったぞ！

◉徳永圭子

①『ブルースだってただの唄』藤本和子（ちくま文庫）
②『動乱の蔭に　川島芳子自伝』川島芳子（中公文庫）
③『下着の捨てどき』平松洋子（文春文庫）

生き延びる強さを持った本を読みたいと思い①を手にした。序章にある「集団の歴史をひとりひとりその身に負いながら、女たちは自らの生をいかに名づけるのだろうか」という真摯な問いは、この一年私の中で繰り返されている。80年代アメリカに暮らした名翻訳家が黒人女性の声に耳を澄ます。いまだ変わっていない現実への絶望と、読まれるべき時に文庫化され、売ることができることに一つの希望を感じた。あとがきに書かれていた森崎和江の著書も岩波から先日文庫化され、併読している。

②を先日読んだ。コロナ禍、どこへも行けない状況で、『南洋と私』寺尾紗穂（中公文庫）を勧められて読み、強い痛みとそれを追わずにいられない著者の情熱に心打

CD・tetome

たれ、寺尾さん解説で本書が出たことが嬉しかった。時代の寵児として踊り出たヒロインヒーローの濃密な人生を煌びやかに語る。いまだ謎の多い晩年を想いつつ、いかなる人も背景だけでなく人柄からとらえる感覚を失いたくないという思いが拓けた。

生き延びた先に身一つ残り、不安がよぎる。③はそんな中年の暮らしにふくよかな香りを漂わせるエッセイ集。目の前にある環境を受け入れ、無理なくどうやり過ごすか。できれば、楽しみたい。そのための思考がやさしく切々と描かれたバイブル。

◉紀田順一郎

①『日本の気配　増補版』武田砂鉄（ちくま文庫）
②『イラストで見る昭和の消えた仕事図鑑』澤宮優・平野恵理子イラスト（角川ソフィア文庫）
③『恐怖　アーサー・マッケン傑作選』アーサー・マッケン（平井呈一訳／創元推理文庫）

①は近来最も共感した時事評論。日本のような風土では、表面に現れた主張や論理よりも、その底にうごめく隠微な空気に素早く気付き、容赦なく、しつこく追求することが必要だ。最新の現象まで収録しているが、「個人が物申せば社会の輪郭はボヤけない」という主張は、本質をついている。

②は昭和期に存在した庶民の生業を、イラスト入りの丹念な考証によって甦らせたもの。円タク、渡し船の船頭、天皇陛下の写真売り、大道講釈、かんかん虫など計一一四種が掲載されている。従来も類書はあったが、本書は解説もイラストも詳細かつ適切で、昭和という時代を考えるには不可欠の資料となっている。

CD・山田英春

③は従来単発で出て、品切れの長かったマッケンの代表作七篇を一本化したもので、ここから漏れた『夢の丘』だけは別に刊行されている。定本は一九七三年刊の六巻本選集だが、その各巻末にあった平井呈一の解説を、すべて再録している点がウリとなっている。

◉山崎まどか

①『新版 いっぱしの女』氷室冴子（ちくま文庫）
②『歴史の証人ホテル・リッツ　生と死、そして裏切り』ティラー・J・マッツェオ（羽田詩津子訳／創元ライブラリ）
③『応家の人々』日影丈吉（中公文庫）

①は今こそ読まれるべき、軽やかなフェミニズム論。しかし氷室節はやっぱり一味も二味も違う。こちらの懐に直接飛び込んでくるような人懐こくて楽しい文章で、女の人生の真髄をズバズバと言い当てて、それでいてお説教くささゼロ。得難い個性と

文章力を再確認した。再文庫化を機会に定番として残って欲しい。②は第二次大戦末期、パリ解放時のホテル・リッツを巡るドキュメント。ナチスドイツ、連合軍、パリ市民。有名無名の人々が入り乱れる群像劇で、小説のように楽しめる。これ以上は嫌いになりようがないと思っていたヘミングウェイについて、更に評価が落ちるようなエピソードが次から次へと出てくるのがすごい。そしてこんな非常時に恋愛劇が繰り広げられる、パリという街とロマンスの関係性にも改めて驚かされる。③は傑作だった『女の家』に続く中公文庫の日影丈吉再文庫化第二弾。台湾を舞台に暗躍するファム・ファタールもので、そのスケール感にも驚いた。日影丈吉のミステリをもっと読みたい。

● 北村薫

①『谷崎マンガ　変態アンソロジー』谷崎潤一郎原作　山口晃、しりあがり寿、高野文子、古屋兎丸、中村明日美子、近藤聡乃、西村ツチカ、山田参助、今日マチ子、榎本俊二、久世番子（中公文庫）

CD・鳴田小夜子

②『『FMステーション』とエアチェックの80年代』恩藏茂（河出文庫）
③『レヴィンソン&リンク劇場　皮肉な終幕』R・レヴィンソン&W・リンク（浅倉久志ほか訳／扶桑社ミステリー）

刊行順。②と③は同日発行なので、題名アイウエオ順。

①親本『谷崎万華鏡』のことは風のうわさに聞いていたが、手に取らないうちに時が流れた。書店の中公文庫の見慣れた色の背表紙中に、これがあるのを見て仰天。こういう方々が描いている。説明はそれだけでいいだろう。（表紙に書かれている順に列記したが、目次の配列と違う。謎だ。）文庫のみ収録の、特典があるのがうれしい。②80年代を生きて、エアチェックをしたことのある人には、たまらない一冊。番組表、ラジカセ、カセットテープなどの写真も見られる。「これ、これ」と思う人は多いだろう。著者は、元『FMステーション』編集長。あの雑誌は、このように作られていたのだ。③おなじみ『刑事コロンボ』や『ジェシカおばさんの事件簿』などの、生みの親である二人の短編集。そうと知ったら手に取らずにはいられない。好企画だ。懇切丁寧な解説が、読みごたえがある。この中の短編「愛しい死体」が戯曲となり、さらにコロンボもの第一作『殺人処方箋』となったのである。

● 田口久美子

①『本は読めないものだから心配するな』管啓次郎（ちくま文庫）
②『杉浦日向子ベスト・エッセイ』杉浦日向子（松田哲夫編／ちくま文庫）
③『自由研究には向かない殺人』ホリー・ジャクソン（服部京子訳／創元推理文庫）

①作者は、世界を歩きながら考える思策者。『文学』を読むことについてこう書く。「そこでは前提となる知識は必要なく、い

つも扉は開かれている。（中略）わかろうがわかるまいが、読める」と。「読書はもっぱらチャンス・ミーティング（偶然の出会い）であって、そこに発見のよろこびも、衝撃も、おびえも、感動も、あった」と。小さなころから「知識を得なさい、学びなさい」と教えられた私たちに、なんという心強い言葉だろう。自由な言葉だろう。

②日向ちゃんが好きだった。すべての本を集めた。収録作品が重なっていても律儀に買って読んだ。NHKの「お江戸でござる」も欠かさず観た（再放送はないのだろうか?）。46歳で亡くなった時、どんなに深い喪失感に襲われただろうか。だから本書で「生命線短いでしょ」という著者の言葉に「ホント。ウソみたい短いネ」という会話が出てくると胸が痛い。病院の話が出てくると悲しい。

CD・
クラフト・エヴィング商會
（吉田浩美・吉田篤弘）

③イギリス版青春残酷物語。語り手の女子高校生が自由研究として取り上げる「5年前に起きた事件」。しかも当時17歳の被害者は行方不明、加害者とされるボーイフレンドは自殺。兄弟、姉妹、両親、友人、知人等大勢を巻き込み物語は展開する。このいたましい「自由研究」の結末はなぜか「明るい」、でもやっぱり「向かない」。

風間賢二

①『『新青年』名作コレクション』『新青年』研究会編（ちくま文庫）
②『変格ミステリ傑作選【戦前篇】』竹本健治選（行舟文庫）
③『怪奇疾走』ジョー・ヒル（白石朗他訳／ハーパーBOOKS）

①は従来の『新青年』傑作集ものとは一線を画す。今日では探偵小説専門雑誌と知られているが、創刊当時（大正時代）は地方の青年たちに西欧先進国の政治・経済・科学・文化を紹介する啓蒙雑誌だった。そこから江戸川乱歩を生み出して探偵小説の発展に寄与し、やがてシティーボーイ向けのオシャレなカルチャー雑誌に変転するが、厳しい戦時を経て廃刊となるまでの全史を豊富な資料（図版）やジャンルにこだわらない掲載作品、解説などを通して日本モダニズムの時代（'30～'50年代）を知ることができる。

でも、『新青年』といえば、乱歩や夢野久作などの怪奇幻想ミステリだよ！　という方には、②を推奨したい。いわゆる〈本格〉謎解きパズラーものに対して非日常的な状況や変態心理を語ることを主眼とした奇怪な探偵小説を堪能できる。

変格ミステリの精髄は、ぼくに言わせれば、怪奇幻想猟奇悪趣味B級感覚にある。それを今日的に濃縮したような作品集が③だ。作者は、いわずと知れたスティーヴン・キングの長男。そのアメリカン・ブギーマンとの合作も二点収録されている。全13

CD・菊池 篤

編、かれら親子が愛読するリチャード・マシスンやレイ・ブラッドベリなど50年代異色作家たちのオマージュに満ちた作品が大半を占めていてニンマリとさせられる。

◉北村浩子

①『海を抱いて月に眠る』深沢潮（文春文庫）
②『新版 いっぱしの女』氷室冴子（ちくま文庫）
③『チャリング・クロス街84番地 増補版』ヘレーン・ハンフ（江藤淳訳／中公文庫）

①無骨で偏屈な在日一世の父が遺した20冊のノート。戦後の日本を生き抜いた父の「語られなかった」「語ろうとしなかった」人生を娘が知ってゆく。深沢潮は日本にとって必要な作家だということを再確認させてくれる一作。②1992年に単行本が刊行され、その後文庫になり今年復刊。今の言葉で言うと「生きづらさを抱えて」いたであろう人気作家の正直な言葉と深い洞察力に、詠嘆、畏敬、連帯意識、様々なものが混じったため息が出てしまった。出会えてよかったと心から思えた名エッセイ。③1949年、アメリカの女性がイギリスの古書店に送った注文書。その1通から始まった20年に渡る手紙のやり取りが読者の心を温める。市井の人々の当時の生活ぶりも伝わってくる名著の増補版。辻山良雄さんによる解説がまた素敵。

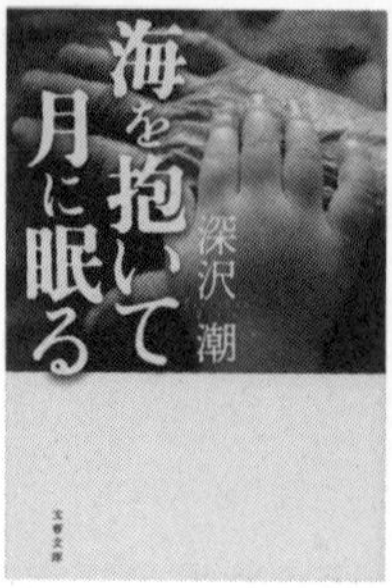

デザイン・征矢 武

◉橋本輝幸

『時の子供たち』エイドリアン・チャイコフスキー（内田昌之訳／竹書房文庫）
『帝国という名の記憶』アーカディ・マーティーン（内田昌之訳／ハヤカワ文庫SF）
『新しい時代への歌』サラ・ピンスカー（村山美雪訳／竹書房文庫）

順位なし、刊行順。今年、初めて日本で著書が刊行されたSF作家の三作品を選び、紹介する。

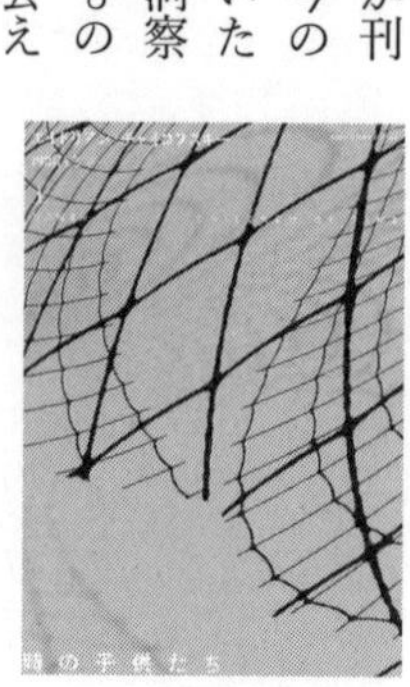

デザイン・坂野公一（welle design）

まずは宇宙が舞台の、少し懐かしい雰囲気の二作から。『時の子供たち』は『猿の惑星』ならぬ蜘蛛の惑星の話で、アクシデントで知性化され、世代ごとに文明を発展させていく蜘蛛型生命体と、定住地を失いさまよう人類たちの視点から交互に語られる。敵対的ファーストコンタクトという共通点から『三体』シリーズを連想するが、はたしてこちらの結末は……。『帝国という名の記憶』は、辺境から来た大使が赴任先の銀河帝国で繰り広げる、ハイテンポなスパイスリラー。愛情と任務や愛国心の間で揺れる登場人物たちのドラマが見所だ。クラシックSFへの愛を感じるが、現代らしく設定は十分に考慮されており、さしずめ古い革袋に入った新しく繊細な酒である。

『新しい時代への歌』の舞台は、パンデミックとテロのせいで長らく音楽ライブが禁じられた米国だ。コロナ禍前に書かれたとは思えないほど真に迫った筆致と切実さで描いた傑作である。心配性の家族と田舎の実家で暮らす主人公のひとりローズマリーが、言われるがままに動く歯車から、冒険や失敗を経て自らの意志で行動を決める姿がすがすがしい。

柳下毅一郎

『反逆の神話〔新版〕「反体制」はカネになる』ジョセフ・ヒース、アンドルー・ポター（栗原百代訳／ハヤカワ文庫NF）
『魔法』カート・セリグマン（平田寛・澤井繁男訳／平凡社ライブラリー）
『町かどの穴』R・A・ラファティ（牧眞司編／伊藤典夫・浅倉久志他訳／ハヤカワ文庫SF）

ジョセフ・ヒースの大著は「カウンターカルチャー的社会批判」が現実の社会批判としては有効でないどころか無効でさえあると強く論じる本で、ひたすらカウンターカルチャー的に無駄な反抗をしつづけることでこの年まで過ごしてきた自分にとっては大問題なのである。大いに納得しアンダーラインを引きつつ読んだのだが、同時にシチュアシオニズムへの評価など、いくつか保留したいところもある。カウンターカルチャー中年は一筋縄ではいかないのである。いずれにせよ、「人間の意識と文化の完全な変容には至らないどんな提案も拒むことで、カウンターカルチャーの活動家はいたずらに、まさに解決を望んでいる問題をかえって悪化させてしまっている」という指摘は傾聴すべきだ。

……と言いながらセリグマンの『魔法』をあらためて読みなおし、現代において魔術的思考の意味はどこに求めるべきか？とか考えているくらいなので、まだまだ更生は先のことだろう。なお、魔術など役立たずだと思う人はラファティの小説を読んでみるといい。ラファティこそ、破壊的思想をあやつる現代の魔術師である。

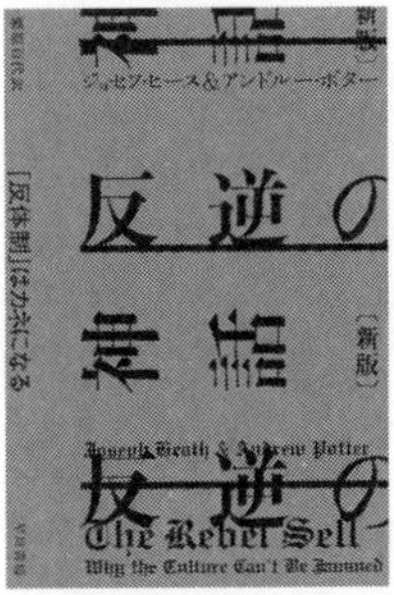

CD・水戸部 功

石川美南

①『自由研究には向かない殺人』ホリー・ジャクソン（服部京子訳／創元推理文庫）
②『蒼衣の末姫』門田充宏（創元推理文庫）
③『琥珀捕り』キアラン・カーソン（栩木伸明訳／創元ライブラリ）

①『自由研究には向かない殺人』は、イギリスの高校生が自由研究として、自分の街で五年前に起きた少女失踪事件の真相を探っていく青春ミステリ。混迷する現代社会をとびきりのユーモアと知性で乗り切る主人公の人物造形がすばらしい。相棒の少年とのタッグも爽やかだ。②『蒼衣の末姫』も少年と少女の出会いが鍵となるファンタジー。序盤は見慣れぬ世界の描写に戸惑うも、怪しげなキャラクター達が跋扈し始める辺りから一気に引き込まれ、クライマックスの戦闘シーンで「これまでの話はこの瞬間のためにあったのか！」と膝を打った。

CD・
柳川貴代＋Fragment

③『琥珀捕り』は、単行本から文庫化が嬉しい。「文学においてカモノハシに相当する」と呼ばれた本書は、AからZまでの単語を冠した二十六の断章が、飛躍しつつも連関し合い、泉の底やポケットの中から拾い上げた琥珀のようにきらきらと光を放つ。
　続編なのでベスト3からは外したが、マーサ・ウェルズ『ネットワーク・エフェクト』（中原尚哉訳／創元SF文庫）も、引き続き最高。以上、東京創元社の回し者みたいなラインナップになってしまいました。

◉春日武彦

①『でえれえ、やっちもねえ』岩井志麻子（角川ホラー文庫）
②『葉書でドナルド・エヴァンズに』平出隆（講談社文芸文庫）
③『イングランド・イングランド』ジュリアン・バーンズ（古草秀子訳／創元ライブラリ）

　特筆すべきは①である。この作家の作品を読んだのは久しぶりだが、凄味が増しているじゃないか。短篇四本を収録。ホラー文庫から出ているけれど、広義の幻想小説だろう。もちろん土俗感たっぷりの。それにしても短篇小説としての充実度が素晴らしい。文庫書き下ろしではなく、まずは凝った装丁の単行本で出されるべきだったのではないか。身も蓋もないような観察眼と熱を帯びたような非現実感が、不意打ちのように俗悪な地獄絵を現出させる。この一冊、個人的には今年の大収穫であった。
　②を手に取ると、図版や造本が重要な意味を持つ作品を文芸文庫がチョイスするようになったのかと軽い驚きを覚える。だがこうして心を揺さぶる本が生きながらえるのは嬉しいことである。

CD・坂詰佳苗

　③はイングランドそのものを「イングランド・イングランド」という大テーマパーク（あるいは贋イングランド）で再現する物語。風刺の「小賢しさ」を心配したが、さすがにバーンズ。杞憂であった。

◉池澤春菜

①『ヨルガオ殺人事件』アンソニー・ホロヴィッツ（山田蘭訳／創元推理文庫）
②『ぼくはイエローでホワイトで、ちょっとブルー』ブレイディみかこ（新潮文庫）
③『ポストコロナのSF』日本SF作家クラブ編（ハヤカワ文庫JA）

　文庫ベスト3を選ぶというご依頼を二つ返事で引き受けたけど、予想外に大変。たかだか年に数百冊程度しか読んでいないのに、取捨選択の難しいこと。

　その中でやっぱりこれは入れざるを得ない、と最初に選んだのが①。新作が出れば全て当たり、というミステリ界の超強打者ホロヴィッツ、しかもあの『カササギ殺人事件』の続編。クラシックな名作へのオマージュであり、ミステリならではの爽快な「そーゆーことか!!」も存分に味わえる。作中作の出来も素晴らしく、本の中で本を読んでいることを忘れてしまった。一粒で五度くらい美味しい。

今の世界が抱える問題を、ユーモラスに、でもぐいぐいと容赦なくえぐった②。文庫化だけど、この機会により多くの人に読んで欲しいな。本の中で描かれたエンパシー、他者の靴を履くことはここしばらくわたしが考え続けているテーマ。

CD・岩郷重力＋Y.S

③はちょっと手前味噌。でも見開き2頁分の味噌だから許して。先の見えないコロナとの攻防、緊急事態宣言の閉塞感の中で、だったらSF作家にこの先を覗いてもらおう、と企画された1冊。19人の描く未来は、極近いものから、遠未来まで多種多様。前書きでわたしが書いた「小説は事実よりずっとずっと奇なり」を存分に楽しめるはずだ。

クラフト・エヴィング商會（吉田浩美・吉田篤弘）

①『生きるとか死ぬとか父親とか』ジェーン・スー（新潮文庫）
②『鳥と雲と薬草袋／風と双眼鏡、膝掛け毛布』梨木香歩（新潮文庫）
③『杉浦日向子ベスト・エッセイ』杉浦日向子（松田哲夫編／ちくま文庫）

①は連載時より愛読していたが、ドラマ化を機に文庫で再読。ドラマがまた素晴らしく、「観る」と「読む」を行ったり来たりしても、イメージがまったくぶれない。原作の懐の深さを再認識。読み終えたあとも、ずっと座右にある。

②は自分が日本人であることを、しみじみ嬉しく噛みしめた一冊。著者自ら訪ね歩いた日本各地の「地名」に内包された物語を、地に足のついた言葉で解き明かしてくれる。詩集のように地図と歴史を読む面白さ。

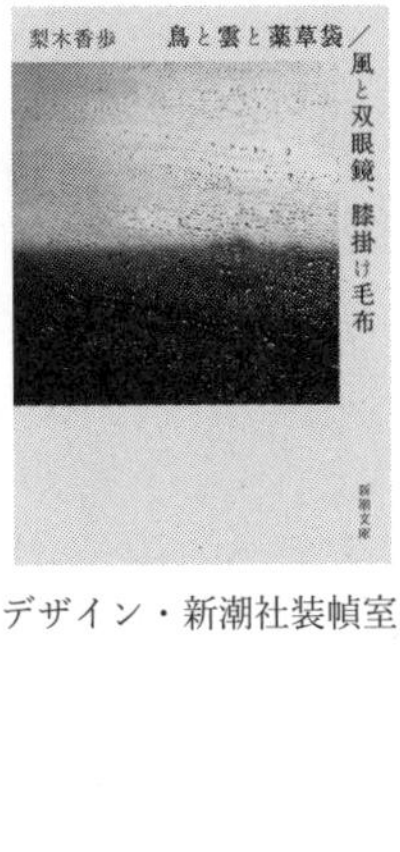

デザイン・新潮社装幀室

③は装幀を担当した一冊だが、仕事を忘れて、夢中になってゲラを読んだ。粒選りのおいしいお菓子が並んでいるような嬉しさは手づくりの編集による賜物だ。こんなに活き活きとしたエッセイ集はそうそうない。くよくよしている場合じゃない、と江戸の青空を見上げる晴々とした心持ちになる。

村瀬秀信

①『オレたちのプロ野球ニュース』長谷川晶一（新潮文庫）
②『サカナとヤクザ』鈴木智彦（小学館文庫）
③『ざんねんな食べ物事典』東海林さだお（文春文庫）

①僕らの世代は『プロ野球ニュース』を寝物語に育った。日テレじゃ省略される大

洋戦もパ・リーグも時間を取ってしっかり解説してくれた同番組こそ、今日の日本における多様な野球文化の礎である。本書は初代キャスター佐々木信也をはじめ、同番組を作り育てていった関係者たちのノンフィクション。女子アナの登場、「珍プレー好プレー」の誕生から地上波放送の終焉まで日本野球の歴史が見えてくる。②高級魚を食べればヤクザが儲かる。密漁ビジネスの実態をを追ったルポルタージュ。重い内容も気持ちよく読ませてくれる鈴木智彦さんのヤクザものの中でも今作は出色。サカナを食べるたびに思い出す一作。③小学生の頃に読んで以来神と崇める東海林さだおさんの本は、50歳を前にした今も、ものごとへの視点から語り口、段組み、構成、イラストの配置まですべてが僕に心地よく面白く読めるのです。今回の表題「ざんねんな食べ物」で最も残念だったのは『〝チェーン店〟道』で対談している村瀬とかいうライターでした。……神棚に飾っています。

CD・岡 孝治

◉柿沼瑛子

①『おれの墓で踊れ』エイダン・チェンバーズ（浅羽莢子訳／徳間文庫）

②『チャリング・クロス街84番地　増補版』ヘレーン・ハンフ（江藤淳訳／中公文庫）

③『十日間の不思議』エラリイ・クイーン（越前敏弥訳／ハヤカワ・ミステリ文庫）

①浅羽莢子さんの名訳が原作の映画化という思わぬ形でよみがえったのは喜ばしい限りである。映画のポスターに騙されそうになるが、実際は実験的YAともいうべき作品。BL小説だと思って手に取った人はぶっとぶぞ。

CD・鳥井和昌

②ヘレーン・ハンフの作品は結構翻訳されているのだけれど、出版社がバラバラな上にどれも現在では入手困難（涙）。その中で唯一ロングセラーとして何度も文庫化されているのがNY在住の駆け出し女性作家とロンドンの古書店との20年にもわたる手紙のやりとりを収めた「チャリング・クロス街84番地」。しかも今回は増補版として「チャリング・クロス」の後日談まで載っている！　これは買わなくちゃでしょ。

③もう何年も前に、某読書会で越前さんにお目にかかったとき『十日間の不思議』の新訳を出したいとおっしゃっているのを聞き「『十日間の不思議』は『九尾の猫』とでワンセットなのだからぜひ出さなければ！」と熱いエールを交わしたのが昨日のことのように思い出される。

◉黒田信一

①『語りえぬものを語る』野矢茂樹（講談社学術文庫）

②『歴史の証人ホテル・リッツ　生と死、そして裏切り』ティラー・J・マッツェオ（羽田詩津子訳／創元ライブラリ）

③『モーリタニアン　黒塗りの記録』モハメドゥ・ウルド・スラヒ著／ラリー・シームズ編（中島由華訳／河出文庫）

冒頭の章で哲学者の野矢茂樹は〝猫は後悔するか〟と問いかける。あるいは第3章では、作家の阿川弘之が娘の阿川佐和子に言ったとされる〝佐和子、世の中には絶対ということはないのだから、「絶対」なんてことばは絶対に使ってはいけないよ〟との言葉を引き合いにして〝世の中に「絶対」は絶対ないのか〟と論考する。相貌論に懐疑論にヴィトゲンシュタインの転回と語りえぬものを語り尽くした縦横無尽の哲学エッセイ。面白い！　一家に一冊！

CD・山田英春

②はパリの超名門〝ホテル・リッツ〟を舞台に、そこに出入りした歴史上の人物たちの動向を膨大な資料と証言から描き出したノンフィクション。プルーストやフィッツジェラルドやロバート・キャパやココ・シャネルやゲーリングやらが続々登場し、まるで映画を見ているかのように動き回るさまは圧巻。女性にだらしのないヘミングウェイも読みどころだ。

③米同時多発テロの容疑をかけられた著者がグアンタナモ収容所で記した手記。米当局によって黒塗りされた行間に浮かぶ拷問や性的虐待の実態に息をのむ。

今柊二

①『片隅の人たち』常盤新平（中公文庫）
②『大衆食堂に行こう』東海林さだお（だいわ文庫）
③『大日本帝国の銀河４』林譲治（ハヤカワ文庫ＪＡ）

渋谷は現在まるで生き物のように大きく変化している。桜丘町などよく歩いていた街がなくなり、駅前は巨大なビルが聳え立つようになった。自分の馴染んでいた渋谷がどんな街だったか、記録しておかねばならないと最近強く感じる。①は往年（昭和30年代）の渋谷の描写がいい。渋谷百軒店の喫茶店で、植草甚一と都筑道夫にあうところから本書は始まる。道玄坂の上がったところにあった、アメリカの雑誌と本を扱う古本屋がとても魅力的。古本屋も街からずいぶん消えてしまった。同様に、食堂もコロナ禍で閉店を余儀なくされるケースが多かった。古本屋同様、食堂も私はとても愛しているので、是非生き残って欲しい。

CD・名久井直子

②は定食界の大先達・東海林先生のアンソロジー。先生が見出した「イカフライすっぽ抜け問題」の論究も掲載されている。①の常盤新平は早川書房の編集者だったが、③は同社の歴史改変モノ。いよいよ4巻突入。昭和15年が舞台だが、演算機とプログラミングが頻出する。やはりコロナ禍でICT（情報通信技術）が一挙に汎用化したため、とても親近感を持って読み込める。

現代文学

戦前から平成までを濃縮した橋本治『草薙の剣』が素晴らしい！

◉永江 朗

わたしは毎年テーマを決めて本を読んでいて、21年のテーマは橋本治の『双調平家物語』（中公文庫）だった。何年か前にも『平家物語』をテーマにしたことがあって、そのときは岩波文庫版『平家物語』を中心にさまざまな『平家物語』解説本を読んだのだけど、21年はまず橋本の『権力の日本人　双調平家物語ノートI』と『院政の日本人　双調平家物語ノートII』（講談社）を読んで予習し、それから『双調平家物語』全16巻を読み、もう一度『ノートI』『ノートII』を読んだのだった。これはすごい小説で、なにしろ『平家物語』なのに大化の改新から始まる。600年ぐらいの時間が16巻にぎゅっと詰まっている（中国史もちょっと出てくる）。**『草薙の剣』**は戦前から平成の終わりまでの時間を、世代の異なる6人の男たちおよびその親たちの人生に注目することで描こうというもので、6巻ぐらいになっても不思議ないくらいたくさんの事象と人びとの思考や感情をぎゅーっと1冊に詰め込んでいて、その濃縮感が素晴らしい。それでいて「はしょった」とか「すっとばした」という感じが全くなく、6人の男やその親たちが、何を感じ、あるいは感じなかったか、何を考え、あるいは考えなかったかが、実に適切な言葉で記されている。橋本治は2019年の1月に70歳で死んだ。戦後間もなく生まれて平成が終わる直前に亡くなったわけだ。装幀の平野甲賀は橋本より10歳年上で、21年の3月に亡くなった。

装丁・平野甲賀＋吉良幸子

奥泉光の**『雪の階』**は若い娘と青年将校の心中事件の真相を娘の友人が究明するという筋立てだが、そんな謎解きよりも面白いのは日中戦争から太平洋戦争に至る日本の世相だ。とくに、天皇機関説事件を攻撃される側ではなく攻撃する側から描いていることや、政治家や軍人たちの思考や行動を若い華族の女の目で観察しているところがグッとくる。クライマックスは二・二六事件で、その裏話には「そんな、あほな」と呆れもするのだけど、でも嘘だとも言い切れないという気分に。

奥泉といとうせいこうの「文芸漫談」シリーズは面白くてためになる。いとうの**『小説禁止令に賛同する』**はその漫談のエッセンスを小説化したような作品。舞台は近未来でそこでは小説が禁じられているらしい。書き手は評論も書く小説家で投獄されており、彼が獄中雑誌に連載している文章という体裁。内容はタイトルの通りの趣旨で、いわば転向宣言なのだけれども、小説というものがいかに善くないものであるかを力説すればするほど、小説の素晴らしさが浮かび上がってくるという仕掛けだ。評論も含めてさまざまな作品に言及されていて、文学論ガイド・評論入門としても楽しめる。ちょっと情より理に流れすぎかなという気もしないではないけれど（小説が禁じられるディストピアな感じとか、原発事故で大変なことになっているらしいことなどが語られる）。ところどころ伏せ字。伏せ字は好奇心をくすぐり、何という字が塗りつぶされているのだ、なぜ塗りつぶされているのだ、と想像させる。伏せ字・黒塗りには物事を際立たせる効果がある。

　川上未映子**『夏物語』**は芥川賞受賞作の『乳と卵』（文春文庫）を下敷きにした第一部と、その八年後の夏からの数年間を描く第二部からなる。第一部は貧乏の描き方がうまいなと思ったが、主人公の姉が豊胸手術に固執する気持ちがいまひとつわからなかった（男にとって包茎手術みたいなものか）。第二部で主人公は小説家になっている。彼女は独身で、性交せずに子供を産みたいと思っていて、匿名の精子提供者による人工授精について調べている。『乳と卵』の「卵」のほうが受け継がれ、思考が深まり、小説としても深まっている。もっとも、子供のいない人生を選んだわたしには、なにがなんでも子供がほしいという主人公の感覚がまったく理解できないのだけど。

　生まれる身になって考えてよね、子は親を選べないんだから。と平野啓一郎**『ある**

現代文学ベストテン

1. **草薙の剣**
橋本治／新潮文庫
2. **雪の階** 上下
奥泉光／中公文庫
3. **自転車泥棒**
呉明益、天野健太郎訳／文春文庫
4. **文字渦**
円城塔／新潮文庫
5. **夏物語**
川上未映子／文春文庫
6. **ある男**
平野啓一郎／文春文庫
7. **ディス・イズ・ザ・デイ**
津村記久子／朝日文庫
8. **小説禁止令に賛同する**
いとうせいこう／集英社文庫
9. **ニムロッド**
上田岳弘／講談社文庫
10. **地球星人**
村田沙耶香／新潮文庫

男』を読みながら思う。林業の現場で事故死した男は戸籍上の人間とは別人だった、という話。死んだ男は誰だったのか、そして死んだ男と戸籍を交換した男は生きているのか。死んだ男の「妻」から依頼された弁護士がコツコツと調べる。すると浮かび上がってくるのは、彼が歩んできた不幸な人生。よそから山間の町にやってきた男と、離婚して実家の文房具店を手伝っていた女との出会いの場面がいい感じなだけに、死んだ男がかわいそうで泣けてくる。21年は「親ガチャ」という言葉が流行ったけれど、ずしりと響く。『夏物語』にも出てくる「生まれてくるんじゃなかった」という感覚、また、最近注目される「反出生主義」のことなども考えてしまう。

村田沙耶香『**地球星人**』は、自分は宇宙人だと思っている女の話。そういうのは子供の妄想としてありがちなのかもしれないが、そこから暴走していくのが村田沙耶香流である。『コンビニ人間』（文春文庫）はだいじょうぶだったけど『地球星人』は生理的に受け容れられない、という人もいるだろう。テイストはまったく異なるが、『夏物語』と通底するところもあるのではないか。

自分は宇宙人だと信じた子供同士が結婚を誓い、小学生なのに性交するというところが気の弱い読者にとっては第一関門。主人公が大人になってからの後半はますますエスカレートする。一般社会の人びとは権力によって洗脳されているのだという主人公夫婦の考えは「意識高い系」あるあるみたいなものだけど、やがてそれが煮詰まっていってスプラッターホラーのごとき展開になっていくと、読み続けるのはかなり厳しい。少なくとも食事前に読むのは避けよう。逆に、ダイエットしたいという人にはいいかもしれない（光文社新書の永田利彦『ダイエットをしたら太ります。』によるとダイエットは逆効果だそうだが）。

CD・鈴木成一デザイン室

上田岳弘の『**ニムロッド**』に、出生前診断を受けた女が登場する。染色体異常が見つかり、結果、彼女は子供を産まなかった。それから夫婦の関係が変化して離婚する。彼女は「人類の営み」みたいなものに、もうのれないような気がする、という。小さなエピソードだが小説全体のなかで重要な位置を占めている。小説はIT関係の会社でサーバーの保守や仮想通貨の発掘をしている男が主人公で、彼の同僚で友人のあだ名がニムロッド。ニムロッドは仕事のかたわら小説も書いていて、また、「駄目な飛行機」について調べて書いている。この「駄目な飛行機」についての部分はけっこうな量になるけれども、引用文献一覧によるとまとめサイトからの引用らしい。単行本で読んだとき、まとめサイトの引用がこんなにあるなんてすごい、小説の中とネットの中がつながっているぜ！と思った。巻末には引用元のURLもある。ところがその「NAVERまとめ」はこの文庫が出る前の20年9月にサービス終了。URLをクリックしても出てこなくなったとあとがきにある。旧約聖書のニムロッド（ニムロデ。ノアの曾孫）は天まで届くバベルの塔の建設を命じた。神は塔に怒り罰として人間の言葉を混乱させた。まるで上田がNAVERまとめの終了を予想していたみたい。

文字の霊が人間に復讐するのは中島敦の『文字禍』（1942年）だが、円城塔の**『文字渦』**の単行本が出たとき、これは絶対に電子書籍化不可能な小説だと思った。見たことのないような漢字が頻出するからだ。ところが電子書籍版も出た。漢字をめぐる短篇連作である。SFというか、想像力の限界を試すような短篇だ。たとえば「緑字」という短篇には闁という字が出てくる。門がまえの中に門。ユニコードU＋95C1、読みは「ホウ」。で、この文字は〈地球から最も遠くに位置する漢字〉で、〈テキストファイルの中にみつかることになる〉のだそうで、〈冥王星と同一軌道上、太陽を挟んだ反対側、合の位置にひとりぽつりと浮かんでいる〉のだそうだ。でもわたしが使っているキンドルのテキストファイルにはなかったようで、文字としてではなく画像として貼り込まれている。ほかにもコンピュータでは出せなくて画像として貼り込まれた字がたくさん出てくる。このことを確認したとき、わたしは嬉しくなって「ふふふ」と笑った。『ニムロッド』におけるNAVERまとめの件もそうだが、コンピュータはまだまだだね。

わたしはスポーツが苦手で、やらないし見ない。オリパラは1秒も見なかった。テレビもないし。津村記久子の**『ディス・イズ・ザ・デイ』**が朝日新聞金曜日夕刊に連載されていたときも「サッカーか……。わたしに関係ないな」と思って読まなかった。でも最近のわたしは津村の『水車小屋のネネ』（毎日新聞夕刊連載中）に夢中で、もしかしたら『ディス・イズ〜』もいけるかも、と挑戦してみたら見事当たりでした。サッカーのことなんか何も知らなくても楽しい。全11話に22の架空のサッカーチームとそのファン22人の人生が描かれる。恋愛のこととか、職場での人間関係のこととか、兄弟のこととか、それぞれ悩みを抱えているけど、贔屓のチームあるいは選手を応援することで乗り越えていく。こんどサッカーを見てみようかな。

現代台湾文学を1冊。呉明益。2021年は『複眼人』（KADOKAWA）、『眠りの航路』（白水社）、『雨の島』（河出書房新社）という3冊の単行本が出ただけでなく、**『自転車泥棒』**と『歩道橋の魔術師』（河出文庫）が文庫化されて、まるで呉明益祭りのような年だった。『自転車泥棒』は「幸福」という名の盗まれてしまった自転車

デザイン・関口聖司

と、語り手の家族の歴史の物語。自転車に関する蘊蓄と台湾の近現代史のさまざまなエピソードが放り込まれた雑炊のような小説だ。『複眼人』や『歩道橋の魔術師』と同じく、ファンタジーの香りもする。日本と台湾との関係についてもいろいろ考えさせられる。そういえば台湾は自転車産業が盛んな国で、世界の自転車工場などとも呼ばれているのを思い出した。

恋愛小説

〝完璧な恋愛小説〟『白い薔薇の淵まで』の十年ぶりの復刊を寿ぐ!

◉吉田伸子

十年。それが私たちがこの名著を失っていた時間だ。2001年に刊行され、第14回山本周五郎賞を受賞作した中山可穂『**白い薔薇の淵まで**』。集英社から刊行され、その後文庫化されたのち、絶版状態になっていたのだが、今年、河出文庫から復刊! 中山可穂ファン(含私)はもちろん、恋愛小説ファンにとっては、福音である。なぜなら、帯コピーにあるとおり、本書こそは「完璧な恋愛小説」だからだ。

「飲み会の帰りにふらりと寄った深夜の青山ブックセンター」で、川島とく子が出会ったのは、一冊の本と、その作者だった。そして、とく子は、その作者・山野辺塁と運命的な恋に落ちる。

ニューヨークの紀伊國屋書店で幕を開ける冒頭で、塁が十年前に二十八歳で亡くなっていることが明らかにされているので、物語はだから、過去の二人の愛の軌跡を辿る旅でもある。塁の死がその前提にある旅なので、哀しみをおびたものであることが分かっていながら、一歩足を踏み出した瞬間、とく子と塁の恋の結末を見届けるまで、足を止めることができなくなる。

とく子をして、「爆弾のような人間」であり、「一種の性格破綻者」でもあった、と評される塁。そんな塁に振り回され、疲弊し傷つき、かつての交際相手と結婚したものの、どうしてもどうしても塁を忘れることができないとく子。そんなある日、塁はふっつりと姿を消してしまう。とく子は、一条の糸を手繰るようにして、塁の後を追ってインドネシアへ――。

二十年前、初めて本書を読んだ時は、その濃密な性描写に圧倒された。その濃密さと背中合わせの死の昏さにも。そして、その読むものを圧倒する力は、二十年後の今も、本書に満ち満ちている。河出文庫版あとがきに、もはや「女×女の恋愛小説」を書くことはなくなってしまった(だからこそ、『愛の国』では、自らの分身のような王寺ミチルを葬ったのだろう)けれども、本書のようなシンプルなラブストーリーをいつかもう一度書いてみたい、とあった。可穂さん、待ちます! いつまでも待ちますとも!

女性どうしの恋愛ものを続けて。三浦しをん『**ののはな通信**』は、第25回島清恋愛

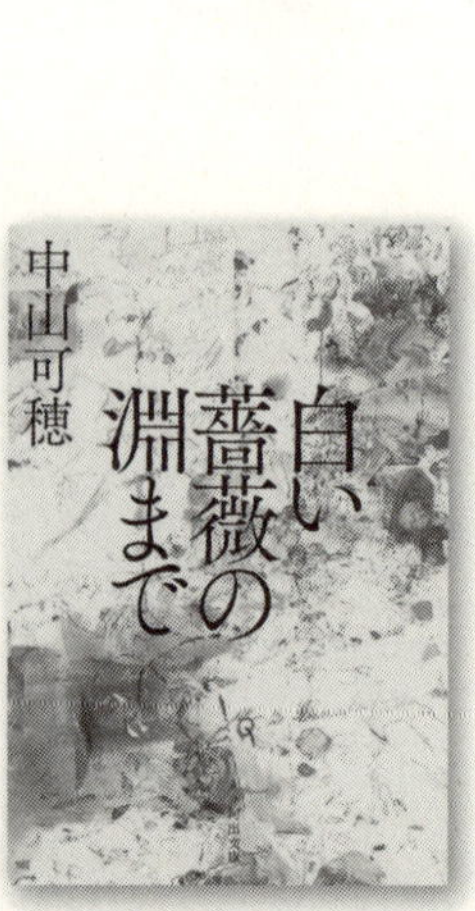

装丁・鈴木成一デザイン室

文学賞と第7回河合隼雄物語賞の、ダブル受賞作。横浜のお嬢様学校に通う、性格も生い立ちのバックボーンも、まるで対照的なののとはな、二人の往復書簡小説で、とりわけ、第一章で語られる高校時代の日々には、もう、キュンキュンしまくり。とりわけ、二人が親友から恋人にシフトした後の、愛らしくて甘やかな空気感は、読んでいるこちら側まで、ほわわわわんと、甘やかな気持ちになります。

さらに、第二章、第三章で描かれる、二人のその後のドラマもたっぷりと読ませる。本書の全体からすれば、恋愛小説というよりも友情小説のように思えるかもしれない。でも、二人の長い交友の底にあるのは、高校時代、恋人どうしだったあの時間があってこそだ。無条件でお互いに愛し愛された、というその記憶があってこその、ののはなのだ。友情から愛に変わっていく様と、そしてそこから、愛が再び友情に変わっていく様、双方が描かれていることに、本書の尊さがある。

雪舟えま**『緑と楯　ハイスクール・デイズ』**は、ののはなの男子高校生版。同じクラスなのに、片や誰からも好かれ、女子にもモテモテの楯と、勉強はできるものの、お地味でぼっちの緑。陽キャラの楯に愛憎半ばする想いを抱いてきた緑は、ある日、水疱瘡で休んでいる楯の家へ、学校からのプリントを届けることに。その日から、二人の距離はぐんぐん近づいていく。

幼い頃から両親が不和だったため、他人とかかわることをおそれていた緑が、いつも自然体で穏やかな楯に抱く恋心と、優しいのに不器用な緑の本質をちゃんと見抜いて、緑の想いを受け止め、そして、応える楯。楯の行きつけの美容院に二人で行くシーンが、もうね、愛しすぎるし、可愛すぎ

恋愛小説ベストテン

1. **白い薔薇の淵まで**
中山可穂／河出文庫
2. **ののはな通信**
三浦しをん／角川文庫
3. **夜空に泳ぐチョコレートグラミー**
町田そのこ／新潮文庫
4. **すみれ荘ファミリア**
凪良ゆう／講談社タイガ
5. **ブルーもしくはブルー**
山本文緒／角川文庫
6. **緑と楯**
雪舟えま／集英社文庫
7. **愛を知らない**
一木けい／ポプラ文庫
8. **ふたりぐらし**
桜木紫乃／新潮文庫
9. **わたしの本の空白は**
近藤史恵／ハルキ文庫
10. **失恋の準備をお願いします**
浅倉秋成／講談社タイガ

る！　２０５５年の未来東京というエリアで、心を寄せていく少年二人。彼らがこの先もずっと幸せでありますように。

　町田そのこ『**夜空に泳ぐチョコレートグラミー**』は、ある登場人物が重なっている連作短編集で、なかでも冒頭の一編「カメルーンの青い魚」が、本当に本当に素晴らしい。これ、「R－18文学賞大賞」受賞作なんですが、新人賞受賞作とは思えない、その完成度の高さたるや！

　シングルマザーの母親から、物心つく前に祖母に預けられて育ったサキコと、児童養護施設育ちのりゅうちゃん。両親を知らずに生きてきた二人は、お互いにただ一人と思い定めていたのに、ある日、りゅうちゃんは突然姿を消してしまう。りゅうちゃんが再びサキコの前に姿を現したのは、サキコの祖母の通夜の夜だった――。

　ここから先は、実際に読んでみてください。泣くよ、きっと。

　さて、ここからは、恋愛の「恋」ではなくて「愛」に焦点を当てた四冊を。「愛は時に歪む」と私は思っているのだけど、以下の四冊には、その「歪み」が描かれている。同時に、その「歪み」の先にあるものも、また。

　一木けい『**愛を知らない**』は、高校生女子、橙子の再生を描いた物語。里親に育てられた橙子は、小さい頃からトラブルメーカーというか、いわゆる〝手のかかる〟子だった。その彼女を「愛」という名で支配してきた里親である芳子。橙子も芳子も、どちらも求めているものは「愛」なのに、けれど、二人の愛は重ならない。橙子は橙子でねじれ、芳子は芳子でねじれてきた。

　そんななか、クラスメイトのヤマオが橙子を合唱コンクールのアルトのソロパートに推薦したことから、橙子の心の澱が溶け出していく。紆余曲折の合唱コンクールの当日、朗々と歌い上げる橙子の姿が、その声が、読後も胸に残る。

　凪良ゆう『**すみれ荘ファミリア**』は、「すみれ荘」という下宿の管理人である一悟と、そこに暮らす人々のドラマを描いたもの。ある日、一悟の自転車とぶつかり、右手の甲にヒビが入ってしまった男が、怪我が治るまですみれ荘で暮らすことに。芥と名乗るその男は小説家で、どうやら一悟が幼い頃に生き別れた弟らしいのだが、何故かその正体を隠したまま。どうやら、母親に引き取られ、病弱だったこともあって大事に育てられた自分と、父親に引き取られた芥とでは、その後の生育に大きな違いがあったようで、一悟は軽々に芥との距離を縮められないでいたのだが――。

　と、一見家族小説のように見える本書だが、実はそこにあるのは様々な「愛の歪み」だ。ネタを割ることになるので、詳しくは書かないけれど、誰かへの想いは、その想いを抱える人間にとって、時に毒にもなるのだ、とだけ。

　近藤史恵『**わたしの本の空白は**』は、病室で目覚めたヒロイン・南が、記憶喪失になっているところから始まる。その後、夫を名乗る人物があらわれ、退院後はその夫

装丁・藤田知子

とともに、義母、義姉が暮らす二世帯住宅に戻るのだが、言い表せない違和感が拭えない南。違和感の由来は、自分が記憶喪失だからという理由だけなのか、それとも――。

　自分を象っている記憶を無くすことの、根源的な恐怖に加え、少しずつ戻ってくる記憶と、目の前にある現実との齟齬という恐怖。やがて、南は、夢の中に出てくる美しい男が、かつて自分と付き合っていた証拠となる一枚の写真を見つける。男は誰なのか。そして何故自分はその男ではなく、別の男の妻となっているのか。物語のラスト、南が出した答えの切なさが沁みる。

　山本文緒『**ブルーもしくはブルー**』は、'96年に刊行された角川文庫旧版を底本とし、一部表記を改めた新装版。自分の〝分身〟に出会ってしまった蒼子Aと蒼子Bの物語。蒼子Aが選ばなかった人生を歩んでいるのが蒼子Bで、二人は一ヶ月だけ入れ替わって生活してみるのだが、そこから先の展開が思いもかけない方向に転がりだす。都心の高級マンションに暮らし、なに不自由なく暮らしていた蒼子Aは、けれど夫の愛だけを持ち得ず、夫の実家のある九州、博多で暮らす蒼子Bは、倹しい暮らしながらも、過剰なまでの夫の愛に息苦しさを感じている。

CD・大原由衣

　今読んでも全く古めかしさを感じさせないのは、本書のテーマが強いからだ。今現在の幸不幸を問わず、人はついつい「もしあの時」と思わずにはいられない。そこに「愛」が絡んでいれば尚更だ。

　あぁ、こんな不朽の名作を残して、山本文緒さんは人生を駆け抜けて行ったんだな、行ってしまったんだな、と思う。彼女の新刊がもう読めないことが、たまらなく寂しい。

　桜木紫乃『**ふたりぐらし**』は、映写技師だった信好と、看護師の紗弓夫婦の物語。定職を持たないことで、肩身の狭い想いを抱きつつ、自身を卑下しすぎることもなく淡々と生活を送る信好と、信好の葛藤を理解しているからこそ、信好の心にずかずかと立ち入ったりはしない紗弓。北国で静かに日々を暮らす二人の、時に波風が立ちながらも、地に足のついた愛が、じんわりと心を温めてくれる。

　ラストは浅倉秋成『**失恋の準備をお願いします**』。スラップスティックというか、そんなアホな！という笑いと驚きに満ちた六篇からなる連作短編ミステリ集で、これがなかなか可愛らしいのだ。まぁ、ちょっとデフォルメされてはいますが。

　冒頭の、卒業後、お互いの進学先で遠距離恋愛になってしまうため、憎からず思っている相手から告白されたのにもかかわらず、断る理由を繰り出し続ける高校生女子の話が傑作。どんな奇天烈な理由をあげても諦めない彼に、彼女が最終的に突きつけたお断りの理由が、魔法界に帰らなくてはいけなくなった、ですよ。おいっ、気は確かか！とツッコミを入れつつ、その後の短編も読み進めていくと、全体が実に巧妙なミステリの円環になっている。ミステリと恋愛を同時に楽しめ（笑え）ます！

SF

“史上最高のSF作家”の傑作選『町かどの穴』を読むべし！

◉大森 望

2021年の文庫SFはハヤカワ文庫の天下。早川にあらずんばSFにあらずと言いたくなるような上位独占を新興の竹書房文庫がかろうじて阻んだかたち。野党第一党たる創元SF文庫はいったいどうしたのかと言うと、今年の話題作は、N・K・ジェミシン『オベリスクの門』（『第五の季節』の続編）にしろ、ユーン・ハ・リー『レイヴンの奸計』（『ナインフォックスの覚醒』の続編）にしろ、三部作の真ん中でベストに入れにくい。ならば大人気“弊機”シリーズの新刊、『マーダーボット・ダイアリー　ネットワーク・エフェクト』を……と思うところだが、長編になった分、ちょっと間延びして前作に及ばない。単発だと、キジ・ジョンスン『猫の街から世界を夢見る』がベストだけど、これは幻想小説の中編だしなあ……。

と、いろいろ悩んだ挙げ句、創元からは、名作SFの映像化が相次いだ2021年の代表として、アシモフ『**銀河帝国の興亡1　風雲編**』を入れた。Apple TV+で配信中のドラマ「ファウンデーション」の原作の新訳版（3巻本の1冊め）です。思えば、『デューン　砂の惑星』も『日本沈没』も、さらには『銀河英雄伝説』も『銀河ヒッチハイク・ガイド』も《三体》三部作も、多かれ少なかれ《銀河帝国の興亡》の影響下にあるわけで、万一未読の方は新訳された機会にぜひ手にとってみてほしい。

物語の背景は1万2000年の歴史を誇る広大な銀河帝国。だが、心理歴史学の創始者たる天才数学者ハリ・セルダンが、帝国は500年以内に滅亡すると予測（『日本沈没』風）。辺境の惑星に追放された彼は、帝国崩壊後を見すえ、新たな人類文明のいしずえを築くプロジェクト《ファウンデーション》に着手する……。ドラマ版は設定を大きく変えて現代風にしているので、原作を読んでから見ても大丈夫。第2巻は12月刊。

一方、本邦初訳の海外長編で今年の文庫SFナンバーワンは、マイクル・ビショップの代表作にしてネビュラ賞受賞作『**時の他に敵なし**』。タイトルだけ有名なのにずっと邦訳されずにいる幻のSF長編群の中でも最大級の大物が、40年の歳月を経て、まさかの伏兵・竹書房文庫から登場した。

話の中身はタイムトラベルものだが、そ

CD・川名 潤

SFベストテン

1. **町かどの穴**　ラファティ・ベスト・コレクション1
R・A・ラファティ、牧眞司編、伊藤典夫、浅倉久志他訳／ハヤカワ文庫SF
2. **零號琴**　上下
飛浩隆／ハヤカワ文庫JA
3. **時の他に敵なし**
マイクル・ビショップ、大島豊訳／竹書房文庫
4. **異常論文**
樋口恭介編／ハヤカワ文庫JA
5. **万博聖戦**
牧野修／ハヤカワ文庫JA
6. **日本SFの臨界点　中井紀夫**
伴名練編／ハヤカワ文庫JA
7. **2000年代海外SF傑作選**
2010年代海外SF傑作選
橋本輝幸編／ハヤカワ文庫SF
8. **トランスヒューマンガンマ線バースト童話集**
三方行成／ハヤカワ文庫JA
9. **銀河帝国の興亡1**　風雲編
アイザック・アシモフ、鍛治靖子訳／創元SF文庫
10. **人工知能で10億ゲットする完全犯罪マニュアル**
竹田人造／ハヤカワ文庫JA

次点　**オルガスマシン**
イアン・ワトスン、大島豊訳／竹書房文庫

の時間旅行理論が風変わりというか、そもそも時間旅行なのかどうかも疑わしい。旅行先の過去は、その時代の（スクリーンショットみたいな）複製で、現在とはつながっていない。おかげで歴史を変える心配なしに実地調査可能だが、行けるのは特定の資質を持つ人間のみ。数奇な生い立ちの黒人青年ジョシュアは、その体質を見込まれ、アフリカ某国が莫大な予算を投入した国家的プロジェクトにスカウトされる。メインプロットは、２００万年前に飛んだジョシュアが、研究所との連絡を絶たれたまま、化石人類の集団に加わって生き延びる冒険譚だけど、小説は時系列順ではなく、ジョシュアの人生をバラバラの順番で語ってゆく（『スローターハウス５』／「あなたの人生の物語」風）。いろんな意味で、こんな時間ＳＦは空前絶後。ＳＦ性と文学性が奇跡的に融合した傑作だ。

　竹書房文庫では、同じ大島豊訳のイアン・ワトスン『**オルガスマシン**』も〝幻の長編〟の部類。もともとは１９７０年に書かれたワトスンの第一長編だが、身体改変されてご主人さまに奉仕する異形のカスタムメイド・ガールたちというモチーフのせいか、英語では出版されないまま埋もれていたところ、２００１年にコアマガジンからまさかの日本語版刊行（タイプ原稿の古いカーボンコピーしか残ってなくて、ワトスンみずから入力し直したという）。それから19年経って、ついに文庫化されたことになる。白夜書房系列のコアマガジンから竹書房へというリレーも美しく、ぜひベストテンに入れたいところだが、枠が足りなかったので次点に。

　ビショップを押しのけてトップに

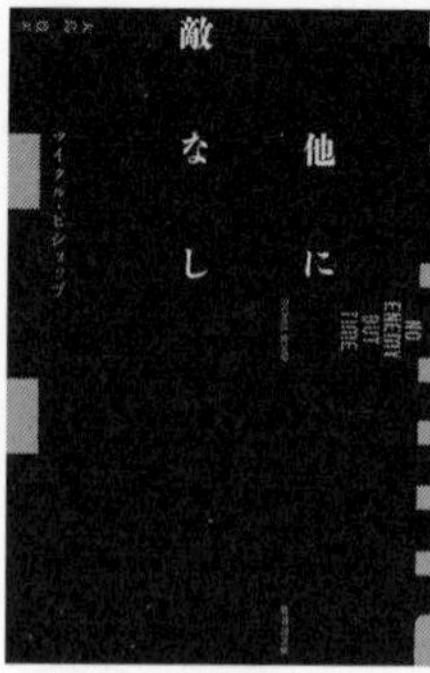

デザイン・坂野公一
(welle design)

立ったのは、R・A・ラファティ『**町かどの穴**』。12月刊の『ファニーフィンガーズ』〈カワイイ篇〉と対になる牧眞司編〈ラファティ・ベスト・コレクション〉の1冊目（アヤシイ篇）だが、2冊目の目次も公開されているので、その分も加味して1位に決定。〝史上最高のSF作家〟（大森望）の傑作選とあっては、2位や3位に置くわけにはいかないのである。「ゼッキョー、ゼッキョー」の名訳（浅倉久志）で知られる表題作は、一見ファンタジーっぽいが、実は先駆的な量子論SFでもある。SF的に要約すると、マッド・サイエンティストがつくりだした特殊な場（＝町かどの穴）を通過した町の住人が、無数の並行世界の当人とくるくる入れ替わりはじめる話です。他にも、「世界の蝶番はうめく」「テキサス州ソドムとゴモラ」「その町の名は？」「われらかくシャルルマーニュを悩ませり」など定番の名作が多数入っているが、全19篇のうち6篇は短篇集初収録なので、初心者はもちろん、マニアもマストバイ。『九百人のお祖母さん』は好きだったけど……という人は、無邪気にして超残酷な「苺ヶ丘」と「カブリート」でぶったまげてほしい。

　国内では、単行本のときとはがらりと雰囲気を変えた緒賀岳志カバーの上下巻で文庫化された飛浩隆『**零號琴**』がダントツ。時は遥かな未来、超古代種属の通過痕と接触した人類は、彼らの超技術にただ乗りして、宇宙にあまねく広がっている。その宇宙のあちこちには彼らの置き土産ともいうべき〝特種楽器〟が残されて、さまざまな騒動を巻き起こす。おりしも、惑星〈美縟《びじょく》〉の首都〈磐記〉では、全住民参加の大假劇〈磐記大定礎縁起〉の新作を上演する計画が進行中。そのクライマックスでは、78万余の鐘から成る伝説の特種楽器・美玉鐘を千一人の奏者が操り、秘曲〈零號琴〉を演奏することになっていた……。

　作中には古今東西のいろんなSFを思い出させるフックがあちこちに仕掛けられているが、それだけじゃなく、ポップカルチャー要素も大量投入。プリキュアを下敷きにした「仙女旋隊　あしたもフリギア！」をはじめ、スーパー戦隊や「まどマギ」やエヴァや巨神兵やウルトラマン（を連想させるもの）がばかすか出てくる。読者は、そういう馴染み深い〝仮面〟を頼りに読み進むうち、そこから異形の芸術作品が立ち現れる瞬間を目撃することになる。

　一方、文庫書き下ろしの新作長編代表は、牧野修『**万博聖戦**』。時は1969年。中学生3人組は、宇宙からやってきた精神寄生体（オトナ人間）の人類家畜化計画に対抗するコドモ反乱軍に加わり、オトナ人間の支配に抗して絶望的な闘いを始める。大阪万博から50年の節目に書かれた万博ノスタルジーSFかと思いきや、結論はその正反対。そもそもSFは本来的に、ある種の子供っぽさから逃れられない。還暦を過ぎても、その子供っぽさを卒業できないグロテスクさと正面から向き合うことで、牧野修は同世代の読者に強烈にアピールする力を得た。SF愛好者が子供で何が悪い。

EXPO'70世代感涙の傑作だ。

2021年の文庫SFは、新世代のアンソロジストたちの活躍が目立った。ハヤカワ文庫JA1500番として刊行された樋口恭介編**『異常論文』**は、なにげないツイートからSFマガジンの特集企画を任された編者が怒濤の勢いで暴走しつづけた結果生まれた異常アンソロジー。樋口恭介に全面的に企画を委ねた担当編集者・塩澤快浩は10月でSFマガジン編集長を退任したので、この本が最後の置き土産とも言える。

対する橋本輝幸編**『2000年代海外SF傑作選』『2010年代海外SF傑作選』**は、10年ごとに区切ってベスト短編を選ぶ年代別傑作選の20年分まとめ出し。小川隆・山岸真編『80年代SF傑作選』と山岸真編『90年代SF傑作選』が英語圏SFに限られていたのに対し、今回は中国語圏からも作品を選んでいるのが特徴。『2000年代』巻末のレナルズ「ジーマ・ブルー」は、特徴的な色使いで宇宙にその名を轟かすアーティストが自身の意外なルーツを明かす感動作。Netflix「ラブ、デス&ロボット」で作られたアニメ版も秀作だが、原作はそれ以上の傑作で、これ1編のために1冊買っても惜しくない。対する『2010年代』は、11篇のうち6篇が初訳。郝景《ハオ・ジン》芳《ファン》のすばらしくキュートなAI小説と、健気でかわいいドローンががんばるニューイッツ作品のあとに、ワッツとミラーのダークな破滅ものを配する構成がうまい。解説では各年代のSF状況も概説され、時代の変化が一望できる。

伴名練編**『日本SFの臨界点　中井紀夫　山の上の交響楽』**は、前年に出た2冊組（怪奇篇・恋愛篇）のアンソロジー『日本SFの臨界点』からのスピンオフ。アンソロジー版に収録した短編を表題作として新たに作品集を編むシリーズの1冊目で、『新城カズマ　月を買った御婦人』と『石黒達昌　冬至草／雪女』が続けて出ている。この中井紀夫編では、《タルカス伝》外伝の「神々の将棋盤」と、著者の真骨頂とも言うべき宇宙奇想説話「花のなかであたしを殺して」がすばらしい。各巻に45〜66ページの熱すぎる巻末解説がつき、SF選集の新スタイルを確立した感がある。

CD・BALCOLONY.

もう行数がない。竹田人造**『人工知能で10億ゲットする完全犯罪マニュアル』**は、ハヤカワSFコンテストの優秀賞受賞作。エンターテインメントとしては一級品ながらSF度が足りないと言われて正賞を逃したが（全3話の第1話は、同じ理由で創元SF短編賞の正賞を逃し、同賞新井素子賞を獲得している）、通して読むと、これはむしろ画期的な人工知能SFと言えるのではないか。ドラえもん（的キャラ）だけが友だちだった子供が自律ロボットを求めてAI開発に挑むが挫折するリアル版「素顔のユリーマ」（R・A・ラファティ）だと思うと、いきなり超エモいSFになります。三方行成**『トランスヒューマンガンマ線バースト童話集』**も、なぜか大賞を逃して優秀賞にとどまった作品の文庫化だが、この2作はどっちも大賞でよかったよねえ。

時代小説

天平のパンデミックを描く 澤田瞳子『火定』に身も心も震える

◉青木逸美

新型コロナウィルス感染症の拡大が続き、3密回避と自粛の嵐に疲弊し、ワクチン副反応に振り回された2021年。『火《か》定《じょう》』（澤田瞳子）を読んで身も心も震えた。時は天平、舞台は寧楽《なら》（奈良）。新羅から帰還した役人が持ち込んだ「天然痘」が猛威を振るい、都の人々を恐怖に陥れる。我が身を顧みず治療に当たる医師たち。しかし、治療法も薬もなく、患者は増える一方で、都人たちに恐怖と不安が広がっていく。天平のパンデミックを描いた本作は、あたかも「いま」を予見したかのようだ。

名代《なしろ》は、病人の収容・治療を行う施薬院で働く下級役人。仕事はきつくて出世の見込みはなく、名代は逃げ出すことばかりを考えていた。疫病の蔓延は名代の甘えを吹き飛ばす。罹患すると高熱を発し、激しく痛む疱瘡に全身を覆われて息絶える。施薬院には次々と病人が担ぎ込まれ、町医師・綱手《つなで》の下で名代も必死の治療に当たる。疫病は官吏や衛士、僧尼禰宜にも広がり、やがて政権を握っていた藤原四兄弟の命をも奪う。疫神の前では身分も貧富の差もない。

皇族を診察する侍医でありながら、冤罪で投獄された諸男《もろお》は世の中すべてを怨んでいた。詐欺師の宇須《うず》に唆され、病平癒に効くという禁厭《まじない》札を売りさばく。世情が乱れれば流言や迷信が蔓延る。

無力感に苛まれる名代を奮起させたのは、怯むことなく疫神に立ち向かう綱手の姿だった。混乱と絶望の中で成長する名代、医師としての使命を取り戻す諸男。小さな力でも集まれば、何事かを成し遂げられる。疫病との闘いが続く中、わずかに灯る希望の光が胸にしみる。

『**渦《うず》　妹背《いもせ》山《やま》婦女《おんな》庭訓《ていきん》　魂結び**』（大島真寿美）は浄瑠璃に魅入られた男の物語だ。男の名は近松半二。かの近松門左衛門の血筋ではない。勝手に近松を名乗っているだけだ。浄瑠璃好きの父親に連れられ、道頓堀の竹本座に通い詰め、その魅力に取り憑かれる。浄瑠璃以外に興味がなく、根気もなければやる気もない。阿呆な息子に父は門左衛門ゆずりの硯を託す。

家を出て竹本座の世話になるが、半二はなかなか芽が出ない。師匠からだめ出しをくらい、書いても書いても突き返される。競争相手が名を挙げても、半二はくさらず

装丁・芦澤泰偉

時代小説ベストテン

1. **火定《かじょう》**
澤田瞳子／PHP文芸文庫

2. **渦《うず》　妹背山婦女庭訓《いもせやまおんなていきん》　魂結び**
大島真寿美／文春文庫

3. **歯噛みする門左衛門　元禄八犬伝三**
田中啓文／集英社文庫

4. **さらさら鰹茶漬け　居酒屋ぜんや**
坂井希久子／ハルキ文庫

5. **白春**
竹田真砂子／集英社文庫

6. **新選組の料理人**
門井慶喜／光文社時代小説文庫

7. **織田信長推理帳　五つの首**
井沢元彦／コスミック・時代文庫

8. **火影《ほかげ》に咲く**
木内昇／集英社文庫

9. **絵金、闇を塗る**
木下昌輝／集英社文庫

10. **無暁の鈴《りん》**
西條奈加／光文社時代小説文庫

書き続ける。その一途さが実を結び、「奥州安達原《おうしゅうあだちがはら》」で立作者となる。

半二はつるつるよく喋る。喋りに喋るその語り口は心地のよい大阪弁で、耳を傾けるうちにするすると物語の渦に引きずり込まれる。あちらとこちら。この世とあの世。裏と表。この世もあの世も渾然となった渦の中から、代表作「妹背山婦女庭訓」が立ち上がる。

「妹背山婦女庭訓」の執筆中、半二は兄の許婚だったお末の早世を知る。兄との仲を引き裂かれ、それでも健気に生きていた。人の命の儚さに呆然とする半二の内側から、突如「お三輪」が現れた。懐かしいような切ないような、どこかお末に似た娘。お三輪を得て、「妹背山婦女庭訓」に命が吹き込まれる。芝居は大当たりし、半二も竹本座も熱狂の渦に巻き込まれる。

物語はどこから生まれてくるのか――。「筆を握ったまま死んでった大勢の者らの念をすべて背負って書いとんのやないか」。渦の中から半二の語りが聞こえてくる。

「さもしい浪人、網乾左母二郎《あぼしさもじろう》」と聞いて、「仁義礼智忠信孝悌～♪」というNHKの人形劇『新八犬伝』のテーマ曲の一節が浮かぶ人は、昭和っ子に違いない。かつて子供たちを熱狂させた物語を下敷きにしたのが**『元禄八犬伝』**（田中啓文）だ。

主人公の網乾左母二郎は、生まれてこのかた、一度も働いたことがないのが自慢の小悪党だ。日々の生計は脅すかせびり取るかして金を手に入れる。腕は立つが、仕官する気はさらっさらない。流れ着いた大坂で、莫連女の船虫と怪盗かもめ小僧こと並四郎とウダウダつるんでいる。

悪党三人がひょんな事から知り合ったのは、丶大法師《ちゅだいほうし》率いる「八犬士」。彼らの任務は将軍綱吉の娘・伏姫の探索だ。行きがかり上、八犬士と手を組んで、心ならずも巨悪と闘う羽目になる。第三弾となる『**歯噛みする門左衛門**』は、左母二郎が遭遇した若い男女の心中に端を発する。四日後に事件をなぞった世話狂言が上演され、その早業に左母二郎はひっかかる。何やら裏がありそうだ。

　人形劇『新八犬伝』の元ネタは滝沢馬琴の『南総里見八犬伝』だ。著者は二つの物語を混ぜ合わせ、史実と嘘を盛り込んで、新たな活劇を生み出した。一話ごとに八犬士が現れて、全員揃うのも待ち遠しい。

『**居酒屋ぜんや**』は坂井希久子の初の時代小説にして、初シリーズ。十巻目の『**さらさら鰹茶漬け**』で堂々の完結だ。

　田沼意次失脚後の贅沢が禁止された窮屈な時代。おいしい料理で人々の胃袋を満たし、女将お妙の笑顔で心を癒やす居酒屋「ぜんや」。亡き良人を忘れられないお妙の前に現れたのは、少し頼りない年下男の只次郎。貧乏旗本の次男坊で、鶯を美しく鳴かせる「鳴きつけ」で家計を支えていた。只次郎や常連客が持ち込む難題を、お妙は機転と笑顔で解いて溶かす。しかし、彼女にも胸に秘めた悲しい過去があった。やがて、お妙の周囲に怪しい影が蠢き始める。

　前巻でついにお妙と只次郎は結ばれるのだが、なんだかギクシャクぎこちない。町人のお妙と所帯を持つには、只次郎は武士の身分を捨てねばならない。お妙は只次郎の求婚を退ける。落胆する只次郎に、お妙の両親と良人を殺した黒幕との対決が迫る。

『**白春**』(竹田真砂子)は赤穂事件を背景に家中の人々の覚悟が描かれる。語り手の「ろく」は赤穂藩士の小野寺十内と妻のお丹に仕える小女だ。二十歳のろくは親を知らず生まれつき耳も聞こえない。

　赤穂事件といえば、江戸城松の廊下での刃傷から吉良邸討ち入りまで、ドラマチックに描かれる「忠臣蔵」を想像するが、本作ではろくの一人語りで淡々と描かれる。ろくが見つめるのは、実直な小野寺十内の貫いた武士の一分と、夫を支えるお丹のたおやかで静かな生き様だ。夫婦の深い情愛が、美しい言の葉で紡がれる。十内の「生きるのだよ。まず、生きるのだよ」という言葉が、遺された者たちの一分となる。

　門井慶喜の『**新選組の料理人**』は、飯炊きの視点から新選組の興亡を描く。浪人・菅沼鉢四郎は運に見放された男だ。蛤御門の変による大火《おおび》に巻き込まれ、妻子とはぐれる。住まいは全焼、家族を失い、仕事はないし食うものもない。ついでに未来の展望もない。空腹を満たすために炊き出しを食べたら、超絶に不味い！　ふるまいの武士に「うまいか？」と聞かれ、つい正直に首を振ったら運の尽き。武士は新選組十番隊組長・原田左之助だった。

　左之助に見込まれた鉢四郎は、武士にとって食事も戦いのうち。賄方《まかないかた》がいれば、隊の武力が向上する――。命の危険はないと説得され、賄方専門の隊士となる。ところが、入隊早々、士道不覚悟で切腹の憂き目に！　しかも介錯人は左之助だ。ああ、無

CD・泉沢光雄

情。序盤で主人公の首が打たれるという驚愕の展開。さて、死人となった鉢四郎がいかにして新選組で働くのか。続きは本作を読んで御覧じろ。

『**織田信長推理帳　五つの首**』は、第六天魔王の織田信長が探偵役となって、難事件に立ち向かう歴史ミステリーだ。天下布武を掲げ、将軍足利義昭を担いで上洛を画策している信長のもとに、五つの首なし人形が届けられる。行商人、御殿女中、公家、武士、鎧武者。人形の胴体に巻き付けられた紙片には「ちかぢか、御首頂戴つかまつるべく候」の一文が。やがて、人形と同じ姿の首なし死体が次々と発見される。犯人は何者なのか。「心あたりが多すぎて見当がつかぬわ」と嘯く信長は、果たして事件を解決できるのか？

CD・盛川和洋

癇癪持ちで冷酷無比なイメージの信長だが、本作では冷静で思慮深くて我慢強い。慎重かつ大胆に推理を展開する。「五つの首」事件を追いながら、きっちり歴史的事実も押さえるあたり、さすが井沢元彦だ。

『**火《ほ》影《かげ》に咲く**』（木内昇）は、梁川星巖の妻・紅蘭、長州藩の吉田稔麿、人斬りと呼ばれた中村半次郎など、幕末の名脇役たちを取り上げた短編集だ。中でも心に強く残ったのは、「薄ら陽」だ。活動家として奔走する吉田稔麿は、長州が会合で使う小川亭の若女将ていと淡い交流を持つ。自分は影と自嘲する稔麿に、ていは稔麿には将来があると励ます。ていの言葉通り、日なたを歩く日が来るかもしれない。稔麿の心に希望があふれ出す。この日、池田屋事件で稔麿は命を落とす。灯火に照らされてできる影を「火影」という。歴史の火影に彼らの生きた一瞬が浮かび上がる。

幕末の土佐に「絵金」と呼ばれた天才絵師がいた。『**絵金、闇を塗る**』（木下昌輝）は絵金の作品に取り憑かれた男たちを通して、絵金の姿を炙り出す。絵師の金蔵、略して絵金。幼いころから画才を発揮し、豪商・仁尾順蔵の援助で江戸にのぼる。狩野派の技法を短期間で終了し、免許皆伝を得る。絵金の絵は観る者の心を揺さぶり、関わる者を破滅へと誘う。師匠の前村洞和は腑抜けになり、岡田以蔵は人斬りの狂気に目覚める。市川團十郎は自死し、坂本龍馬は脱藩する。絵金の絵は人を駆り立て歴史を揺さぶり時代を変転させていく。

『**無暁の鈴《りん》**』（西條奈加）は道を踏み外した破戒僧の波乱の生涯を描く。久斎は宇都宮藩主に仕える垂水家の庶子として生まれた。出来が良すぎるため義母と兄弟に苛め抜かれる。十歳の時、兄弟をぶちのめして寺へ預けられるが、俗世も寺も変わらなかった。久斎は寺を出奔、遊侠に身を投じる。無暁と名乗りを変え、十八歳で人を殺めて島送りになる。ここまででも十分に悲惨な人生だが、流された島でも災難に見舞われ、世の理不尽に翻弄される無暁。それでも、倒れるたびに立ち上がり、ひたすらに前に進む。無暁という名には、「夜明けをひたすら待ち望む」という意味が込められている。無暁が望み通りに夜明けを迎えたとき、「鈴」の意味を解して鳥肌が立った。

エンターテインメント

どうしようもなく「生」を描く山田詠美『つみびと』が凄まじい

◉藤田香織

「エンターテインメント」という、お任せ頂いた（世にはびこる頂く構文！）ジャンルについて今更ながら考えてみたら、今回取り上げたラインナップが、どうにもズレている気がして「これでいいのだろうか」と、もう5日ほどぐずぐず悩んでいる。

なぜって「エンターテインメント」とは、ざっくりいえば「娯楽」だと、どの紙の辞書にもウィキペディアにだって書いてあるのだ。でもって「娯楽」とは、人々を楽しませ、息抜きや気分転換になるもののことですよ、とある。つまり、読後感としては愉快痛快、華やかで心躍る、あの夢と魔法の王国のような気持ちになるのが「エンターテインメント」と一般的には呼ばれている、らしい。

なのに！　全然！　そんな小説が入ってない！　いや、そりゃ、厳密に「エンターテインメント」な小説を選んでね、と言われれば、10冊取り上げられないわけじゃない。それなりに楽しくて、ドリーミーで、笑って泣ける「いい話」もありますよ？

でも、だけど。私の胸に響いたのは、心に刺さったのは、そっち系ではないのです、申し訳ない！

じゃあどっち系なのかといえば、こっち系。という代表が第1位の山田詠美『**つみびと**』だ。そもそも山田詠美はエンタメなのか問題もあるに加えて、実際に大阪で起きた、そして以後も同じようなニュースを何度も見聞きしている児童遺棄事件をベースにした長編作である。娯楽要素皆無の。

CD・坂川朱音(朱猫堂)

子どもをマンションの一室に置き去りにしたまま家に戻らず、幼い兄妹が遺体となって発見される、といった話に眉を顰めない者はたぶんいない。どうしてそんな酷いことを。鬼母だな！　子供たちが可哀想！

誰だってそう思うだろう。でも、次の瞬間には、明日の天気が気になったりする。どこかの可哀想な子供は、自分とは無縁の話だけれど、明日の天気は自分にも関係があることだから。

でも、本当にそうだろうか。子供を狭い部屋に閉じ込めて遊び歩く母親は、自分とは別の世界に生きている鬼畜なんだろうか。『つみびと』は、日本じゅうから「鬼母」と呼ばれるに至った当時二十三歳の蓮音と、その実母である四十四歳の琴音、そして死にゆく四歳になった桃太の現在と過去を描く物語だが、注意深く、誤魔化すことなく、広く深くその心情と時々の状況が抉り出されていく。「つみびと」とは誰を指しているのかわからなくなってくる。他人事だと思っていた自分の「罪」も考えずにはいられなくなる。凄まじくて、容赦がない。なのにどうしようもなく「生」を感じるのだ。死を描いているというのに。

文庫版の巻末に収録された、精神科医で作家の春日武彦との対談で、山田詠美が言う「人が本当の意味で自立するって、自分がここにいることに他人の手がかかっていると認識することだと思うんです。病んでる人は、そこがわからない」という言葉に、ハッとなった。本当にそうだな、と思う。本書で気付いたことを、忘れないように生きていきたい。

容赦がないといえば、続く**『彼女は頭が悪いから』**も二〇一六年に話題となった東大生のわいせつ事件をモチーフにした長編作で、読み進むうちに息苦しさが増していく。神奈川のごく一般的な家庭に育ち、東京の女子大に進学した神立《かんだつ》美咲は、親が官僚で東京の高級住宅地に住み、東大工学部に進んだ竹内つばさと恋に落ちる。ふたりの交際は最初のうちこそ順調だったものの、次第にその関係性は変化し、つばさは家柄も良く偏差値も高い女子大に通う帰国子女へと心を移し、美咲を都合のいいセフレのように扱うようになっていく。「彼女は頭が悪いから」雑に扱ってもいいと、つばさやその友人たちは思っているのだ。

一方、美咲はといえば、そんな扱いをうけても、つばさを切れない。なぜなら「頭が悪いから」。と書くと、身も蓋もない話のようだけど、その背景を姫野カオルコはゴリゴリと綴っていく。怒りや憤り、でも

エンターテインメントベストテン

❶ **つみびと**
山田詠美／中公文庫

❷ **彼女は頭が悪いから**
姫野カオルコ／文春文庫

❸ **噛みあわない会話と、ある過去について**
辻村深月／講談社文庫

❹ **国宝　上下**
吉田修一／朝日文庫

❺ **君たちは今が世界**
朝比奈あすか／角川文庫

❻ **戒名探偵 卒塔婆くん**
高殿円／角川文庫

❼ **神さまを待っている**
畑野智美／文春文庫

❽ **店長がバカすぎて**
早見和真／ハルキ文庫

❾ **対岸の家事**
朱野帰子／講談社文庫

❿ **もう一杯、飲む？**
角田光代、島本理生、燃え殻、朝倉かすみ、ラズウェル細木、越谷オサム、小泉武夫、岸本佐知子、北村薫／新潮文庫

確かにこうした種族はいるのだというやるせなさ。加えて、じわじわとタイトルは、我が身にも返ってくる。この話を「こんな人は自分の周囲にはいない」と思ったら、それはそれで危険だ。いやもう高校生とその親の課題図書にして欲しい。だからどうなる、というわけではないにしても。

ウェーイ!な要素がない話はまだまだ続く。第3位の**『嚙みあわない会話と、ある過去について』**は、辻村深月の恐ろしさに震える短篇集。え?『かがみの孤城』じゃないの?と思われるかもしれないが、いやもう容赦のなさでは断然こっち。大人的に刺さるのも絶対こっち。刺さりすぎて私は傷だらけになったけど!

CD・鈴木久美

自分のなかにある楽しく微笑ましい記憶も、見方を変えると卑劣で残酷なものになる可能性がある、と思い知らされる四話が収録されているのだが、「そんなつもりじゃなかった」「全然知らなかった」「言ってくれなきゃわからないよ」的な言い訳は一切通用しない。いや、別に許すとか許さないという話ではないのだ。ただただ「そういうこともあるんだよね」と描かれているところが恐ろしい。個人的には最終話の「早穂とゆかり」が、うわぁぁぁーーー!!と頭を抱えたくなるほど最恐だったけど、もちろん読者によってそれも異なるはず。ごめんなさい、ごめんなさい!と声に出しても許されるはずもない。俗にいう「震撼必至」とは、この本のことだと思います。

第4位は、ようやく娯楽小説要素が感じられる吉田修一**『国宝』**。長崎の任侠一門に生まれた立花喜久雄は、抗争で殺された父親の敵討ちに動いたため地元を離れることになり、縁あって上方歌舞伎の人気役者である花井半二郎のもとに身を寄せる。半二郎には、産まれたときから梨園で生きる宿命を背負った息子・俊介がいて、喜久雄は共に女形としての研鑽を積んでいく。

それぞれが背負う血の重み。才能と努力の差異。栄光と挫折。青春成長小説としても、ライバル&バディ小説としても、昭和中期以後のスキャンダラスな芸能小説としての読みどころも多い。でも、やはりなんといっても圧巻は上方歌舞伎の魅力が、ビシバシ伝わってくることだ。そもそも文体からして「歌舞伎もの用」と思われる工夫があり、描写も良い意味で大袈裟でドラマティック。「国宝」というタイトルにも、大きく息を吐いてしまう。ガッツリ楽しめる年末年始本としても、これは万人におススメであります。

5位は、『人間タワー』と迷った末に、あえての**『君たちは今が世界《すべて》』**。今年刊行された中学受験に挑む母と息子の物語『翼の翼』も印象深かったけれど、朝比奈あすかが見据える子どもたちの世界は、いつだって、おためごかしがない。ある小学六年生のクラスの児童たちを連作形式で描いた本書も、だから苦しい話ではある。家や学校の居心地が悪くても、小学生がひとりで世界を広げることは難しい。今、この世界で生きていなくちゃいけなくて、でも、だけど、なのだ。第四章の「泣かない子ども」

が白眉。文庫版、特別篇の書下ろし「仄かな一歩」もいやー、巧いうまい！

6位の『**戒名探偵　卒塔婆くん**』は、墓の話だけどエンタメだ。江戸から続くそれなりに由緒ある寺の次男・金満春馬が、住職代理の兄のもとへと持ち込まれる厄介な問題を、同級生・卒塔婆くんこと外場薫の力を借りて解決する。卒塔婆くんは、仏事の知識が豊富で、春馬にとっては記号も同然の戒名をすらすら読み解いたりもできるし、寺の経営にアドバイスもしてくれる。珍しいお仕事小説的な一面もあって、じわじわと楽しい。「その時」になってみないと関心を持ち難い世界を知る、という意味でも興味深いエピソードが盛りだくさん。「上流階級　富久丸百貨店外商部」シリーズのような、へーへーほー！（not与作）確約です。

7位『**神さまを待っている**』は、真面目に働いていた二十六歳の女性が、派遣切りに遭ったことからずるずると転落していく物語。「転落」と書きながら、どんな高見から書いてるんだ自分、と思わずにはいられないのだけれど、コロナ禍の昨今では、もうまったくもって「特別な話」ではない。

デザイン・城井文平

仕事が決まらない。家賃が払えなくなる。実家に帰れない事情があれば、身を寄せる場所もない。漫画喫茶に寝泊まりして日雇いバイトを続けていれば、体力的に楽で高額を得られる「仕事」へと引き寄せられてしまうのも無理はない。主人公の愛は、金や男にだらしがないタイプではなく、浪費家でも怠け者でもない。「出会い喫茶」で知り合った男たちから、一緒に食事やカラオケに行く対価として数千円の金を得るようになり、「ワリキリ」と呼ばれる売春も持ちかけられても、それを簡単に割り切ることなど、出来なかった。

愛と同じような境遇にいる「貧困女子」が口にする「神」と、彼女たちが本当に待っている「神さま」。待ってるだけで神になんて出会えないよ、と思う傲慢を恥じてしまう。本書もまた、まったく他人事ではない。この痛みを、叫びを、祈りを、自分の心のなかに刻みたい。

8位の『**店長がバカすぎて**』は、本屋大賞にもノミネートされた、今更いうまでもない本好き＆書店好きのマスト本。憧れだった書店員になったものの、契約社員という不安定な身分で給料は激安仕事は激務、おまけに店長はバカすぎる！とストレスフルな主人公・京子。おー、親近感のわくお仕事小説ですな！と思いきや、心ニクイ仕掛けが。これはぜひリアル書店での購入を！

9位は『**対岸の家事**』。「わたし、定時で帰ります」とは言えない、果てなき長時間労働の家事をめぐる主婦＆主夫たちの物語だ。女は家を守るもの、てな常識は通用しなくなった今、では誰が、どうして、衣食住を整え「生活」を支えるのか。この「家事ってどうよ？」問題は、凄まじい世代差と個人差があるのよのう、とつくづく。

そしてラストは巧くて美味い！　酒の小説＆エッセイのアンソロジー『**もう一杯、飲む？**』。九人の味が全然違うのも面白い。ひとり呑みの友にも最適＆最高です！

とり・みきの

SF大将

2021年文庫篇

The Reborn

生まれ変わり

ネコたん
ネコたん
ネコたん
ゴロゴロ
ゴロゴロ
ネコたん
ネコたん
ネコたん
ゴロゴロ
ゴロゴロ
ふーっ
そうだ
コーヒーでも
いれるか
ピンポーン
アマゾン
でーす
はい
ハンコは
けっこう
です
どーもー
かたまる
砂
ふーっ
そうだ
コーヒーでも
いれるか
しまった
コーヒーメーカー
故障してたん
だった
しかも豆も
切れてる
アマゾンで
頼もう
メール
来てら
え？
締切？
ふーーっ
とりあえず
コーヒーでも
いれるか
あ
洗濯物取り
こまなきゃ
あれ

サッカー好き書店員匿名座談会

文庫Bリーグ四強から五強へ！文庫戦線異状アリ

コロナの非常事態から約2年となろうとしている中、文庫売場はどうなっておるのか？シュリンク問題から苦難の営業活動を経てB1リーグを制するのはどの版元か？

A　コロナが蔓延して2年目のBリーグですが…。

B　来店客数自体が減ってるから相対的に売上も落ちますよね。

C　テレワークの影響もありますね。仕掛けもはまらないし、映像化も売れないし、なかなかベストセラーが出てこない。

A　今、文庫を購入する層ってどうですか。

C　コロナになってからはおじいちゃんおばあちゃんが多い。今月の年金支給日は文庫がすっごい売れた。

A　佐伯泰英とか時代小説がいっぱい出ましたもんね。

C　サラリーマンが通勤しなくなって文庫を読まなくなり、午前中のおじいちゃんおばあちゃんが残った。

A　まさしくJリーグみたい。サポーターの高齢化が…。B1リーグは新潮社が2年連続1位で2連覇していましたが。

C　今年の新潮はさすがに1位はないですね。1位は文春か集英社か。東野圭吾の〈マスカレード〉シリーズのタイミングじゃないと集英社は優勝できないと思うので、『マスカレード・ナイト』が出た今年こそ集英社を優勝させてあげたい。

A　初の1位？

B　去年2位で、集英社大躍進って言ってましたね。

A　ただ総合力で考えると文春が強い。本屋大賞の瀬尾まいこ『そして、バトンは渡された』でしょ、それに東野圭吾の『沈黙のパレード』があって、佐伯もある…。

B　宮部みゆき『昨日がなければ明日もない』も売れました。

C　でもさ、今年の集英社はナツイチの声優が朗読してくれるキャンペーンとかして夏のフェアの消化率や伸び率も一番良かったんじゃないかな。その頑張りは評価したいよね。

A　よまにゃも売りゃねばと頑張ってますよね。

C　『マスカレード・ナイト』が売れて。

B　宇山佳佑『桜のような僕の恋人』も。

C　長く売ってますよね。伊岡瞬『悪寒』も売れ続けてるし。

B　伊岡瞬は人気作家として定着しました。あと米澤穂信『本と鍵の季節』。帯にドラマ化の予定がないのにドラマ化と刷って大問題になりましたけど。

A　このミスがすごい大賞をあげたいです。

B　二〇二一年の文庫の話題といえば講談社が文庫をシュリンクしたことだと思うんですが、それで結構多くの文庫版元から講談社にならって文庫もシュリンク掛けしようかなって話があったんですよ。そんな中、集英社だけその話をしてこなかったです。

C　シュリンクは絶対やめた方がいい!

A　それは集英社の株が急上昇ですよ。

B　ただ、なぜか集英社文庫はダントツにカバーが反りますよね。集英社文庫の売場を整理するときは面陳の一番上を乗せ換える作業が必要です。

A　カバーの紙との相性なんですかね。初優勝の瀬戸際になってカバーが反るか反らないか問題が勃発ですね。売り場としてはとても重要なことです。

C　そこに書店員にひと手間かかるわけだからね。上下入れ替えるのも手間だし、中には輪ゴムかけたり、マスキングテープ貼ったりしてるお店もある。ただね、講談社みたいにシュリンクだけはしない方がいい。

A　講談社はシュリンクしたら売り上げもシュリンクしたって言ってましたよ(笑)。

C　上手いこと言ってる場合じゃないですよ(笑)。

B　はい。コミックはシュリンクしてほしいけど、文庫はない方がいいです。目的買いのお客さんにはいいかもしれないけど、仕掛けには絶対向いていない。

A　やっぱり今年の1位は集英社ですね。カバー反る問題を解決して連覇を目指してもらいましょう。

C　初優勝! 新潮、講談社、文春、角川に続いてのチャンピオンチームの誕生です。

B　四強から五強の時代になりましたかね。

A　チーム名が、去年は「きまぐれオレンジ・ナイト」ってチーム名でした。去年はオレンジ文庫が強かった。まだ勢いはありますね。集英社マスカレードにしますか。

C　映画観ました? あれ、ほとんど木村拓哉のイメージ映画なんですよ。だから木村をチーム名に入れましょう。

A　「集英社・マスカレード・木村」ですね。

B　2位が文春ですね。

A　全国データを見ると売上ベスト100に東野圭吾の文庫がずらりと並びます。もう文庫といったら東野圭吾しか読んでない人がいっぱいいるっていう売れ方ですよね。

B　その中でも〈ガリレオ〉シリーズが一番人気があるので文春は強い。

C　でもあれって出版社の押しの違いもあるんじゃない? 講談社も〈加賀恭一郎〉シリーズをもうちょっとちゃんと押せばもっと売れると思うけど、文春はその辺がうまいよね。以前も話したけど、文春は幻冬舎みたいに重版で結構書店にまくんですよね。今回も『沈黙のパレード』が出る前に、〈ガリレオ〉シリーズがぽんっと届いた。

A　幻冬舎や宝島もそうだけどあっちはなぜかイラッとするんですよね(笑)。

C　ただ、このときは宮部みゆきの『昨日がなければ明日もない』が出ていて、〈杉村三郎〉シリーズを積んでたから併売するのは大変でした。

B　〈ガリレオ〉シリーズを全部平積みしてみたら意外に旧作は売れなかった…。

C　そうなんだよね。〈杉村三郎〉シリーズは旧作が売れたの

B1 LEAGUE 2021シーズン最終順位

ABCL

順位	文庫&チーム名	総評
↑1位	集英社文庫 集英社・マスカレード・木村	4強体制が続いたB1で5チーム目の優勝チームになる。原動力は映画化『マスカレード・ナイト』はじめマスカレードシリーズのゴールラッシュ。伊岡瞬『悪寒』やオレンジ文庫『後宮の烏』の活躍も見逃せない。夏場（ナツイチ）は人気声優の推薦POPと冊子でスタジアム（書店）を盛り上げたが、ネイマールのシミュレーションのような『本と鍵の季節』にNHKドラマ化誤報帯を付けたのはいただけない。ここ数年安定した活躍の『桜のような僕の恋人』が来シーズンNetflix映画も決まり連覇も狙えるか？
↑2位	文春文庫 文春バトンとパレード	宮部みゆき 杉村三郎シリーズや東野圭吾 ガリレオシリーズの新刊が出れば既刊をしっかり提案し、大河ドラマに便乗して『最後の将軍』、他チームの活躍を利用して伊岡瞬を活躍させるなどシンプルながら勝ち（売り上げ）に拘る試合をする。「面白味がない」（売り場に変化がない）といったサポーター（書店員）批判を勝利という結果で跳ね返す辺りは『嫌われた監督』の落合監督のよう。ここ2年の活躍、そして10月29日から映画公開中の『そして、バトンは渡された』は岩瀬ということかな？
↓3位	新潮文庫 新潮かなりブルーFC	前半戦はフレッシュな戦力の活躍が乏しく大河ドラマ効果で大ベテラン『雄気堂々 上・下』を投入するなど苦しい戦いが続く。得意の夏場（新潮文庫の100冊）に『ぼくはイエローでホワイトで、ちょっとブルー』の大活躍で何とかABCL圏内に滑り込む。サポーター（書店員）も支持するボール占有率の高いパスサッカー（棚回転）がここ数年はなかなか通用しなくなったなかで『ビタミンF』や『卵の緒』などベテラン作品の仕掛け展開成功は来季優勝の鍵になるか？ ただ『涙』帯を多用しすぎじゃない？
－4位	角川文庫 KADOKAWA WHL	毎月大量の新戦力（新刊）を投入しているが、なかなかフレッシュな戦力が活躍しないなか東野圭吾『魔力の胎動』や伊岡瞬『本性』や『瑠璃の雫』などベテラン勢が奮起する。夏場は『竜とそばかすの姫』を全面にしたカドフェスがまずまずの結果を残すが期待された『鹿の王』の公開が度々延びたのが痛かった。ちなみにチーム名のWHLは書店専用の発注・情報サイト名。コロナ禍で書店営業に回れないなか役に立ったがクラブ（出版社）とサポーター（書店員）の距離が広がった気もする。
↑5位	講談社文庫 護国寺シュリンカーズ	浅田次郎『おもかげ』の活躍や映画化された『罪の声』のDVDが4月に発売になり活躍するなどあったが、なんといってもコミックに続き文庫にシュリンクを掛けたのはリーグに大きな衝撃を与えた。バーコードシールに発売月を入れるなど多少の改善はみられるし衛生面や傷みがないなどの利点はあるが、軽く読んでから買いたい層が買わなくなる可能性が高い。これってスタジアム観戦（書店購入）の楽しみを無くすことになるような……テレビ観戦（ECサイト利用）を推奨しているのかな？
↓6位	光文社文庫 光文社ノーマンズ	誉田哲也『ノーマンズランド』で開幕からゴールラッシュを決める。日向坂文庫もまずまずの活躍とシーズン前半好調だったものの徐々に失速。ただ、佐伯泰英『出絞と花かんざし』、上田秀人『惣目付臨検仕る 抵抗』など時代小説DF陣の活躍、ベテラン荻原浩『神様からひと言』や中山七里『能面検事』の仕掛けゴールで大崩れすることなく6位でフィニッシュ。来年は映画公開も決まっている朝倉かすみ『平場の月』の文庫化で開幕ダッシュを狙えるか？
↑7位	小学館文庫 小学館余命〜ズ	映像化頼りの戦術が続いたチームに村崎羯諦『余命3000文字』、まさきとしか『あの日、君は何をした』、桜井美奈『殺した夫が帰ってきました』、はらだみずき『海が見える家』などが仕掛けゴールを決める。この4作品がスタジアムごとに自由に活躍しているのが特徴（書店側が店にあった仕掛けの選択をしている）。来年も同様に仕掛けゴールラッシュを狙うのか？ それとも昔の戦術に戻り『ロボット・イン・ザ・ガーデン』の映画化ゴールラッシュを狙うのか？
↑8位	中公文庫 チューコーですよ！	昨年に続き柚月裕子『盤上の向日葵 上・下』が引き続き活躍。今野敏の人気シリーズ『任侠浴場』や辻村深月『青空と逃げる』など新戦力が活躍。TikTokクリエイターけんご効果で『残像に口紅を』が活躍したのも見逃せない。シーズン終盤に原田ひ香『三千円の使いかた』が仕掛けゴールを決める。その店舗の売れ数と残数を書いたFAXを流して追加注文を取る新しいようでFAXを使う古臭い戦術で勝ちに繋げる。来年は延びていた『老後の資金がありません！』の公開でスタートダッシュを狙う。
↑9位	双葉文庫 双葉ガンバレルーキータバブーズ	単行本で結果を出した中西モトオ『鬼人幻燈抄』は苦戦したが夏場にエース湊かなえ『未来』の投入で徐々に順位を上げ、シーズン後半『夜に駆ける』、『むかしむかしあるところに、死体がありました。』や山本甲士『迷犬マジック』の意外な活躍などで9位でフィニッシュ。また、石野晶『彼女が花に還るまで』も活躍。この作品の帯で双葉文庫ルーキー大賞を知ったサポーター（書店員）も多いのでは？ しかも第4回なんですよ。（ここ読んで知った方もいるのかな？）

↓10位 幻冬舎文庫 走れ幻冬舎

『麦本三歩の好きなもの 第一集』や映画化『いのちの停車場』、中谷美紀のエッセイ『オーストリア滞在記』、ドラマ化効果で『泣くな研修医』、『走れ外科医』などの活躍はあったものの派手なパフォーマンス（過剰な配本）が少なかった印象。ドラマ化でアマゾン プライム・ビデオ先行配信中の『僕の姉ちゃん』や来シーズン早々にNHKでドラマ化される『阿佐ヶ谷姉妹の のほほんふたり暮らし』も今のところ地味な印象。文庫王国のネタのためにもサポーターからブーイング覚悟の過剰重版配本に走れ幻冬舎!!

NEW 11位 ポプラ文庫 ポプラミラーズ

昇格の挨拶代わりに本屋大賞受賞作『かがみの孤城 上・下』を投入してリーグを盛り上げる。小野寺史宜『ライフ』や本屋大賞ノミネート作品『百貨の魔法』、文庫ピュアフル『余命一年と宣告された僕が、余命半年の君と出会った話』やいぬじゅん『この冬、いなくなる君へ』、『あの冬、なくした恋を探して』、『その冬、君を許すために』など昨年B2だったチームとは思えない活躍を見せる。来シーズンは本屋大賞ノミネート作品でドラマ化された『ライオンのおやつ』が文庫化されたらB1残留安泰かも知れない。

↑12位 ハルキ文庫 はるきのちいむ社長が●●すぎて

『あきない世傳 金と銀』シリーズと『日雇い浪人生活録』シリーズの安定感のあるDF陣に堂場瞬一『時効の果て』、今野敏『炎天夢』の警察小説ホットラインでゴールに迫る堅守速攻スタイルがハマる。夏場に投入された本屋大賞ノミネート作で春樹社長の写真入りPOP効果で『店長がバカすぎて』が活躍した事もあり昨年より順位を1上げる。

↓13位 実業之日本社文庫 実日ファーストジェントルマンズ

10周年だった昨シーズンと比べると戦力はダウンした印象だが知念実希人『崩れる脳を抱きしめて』、原田ひ香『三人屋』、『サンドの女』が活躍。また映画公開前から『総理の夫』の幅広帯を何度も変える努力もプラスに作用した。来シーズンは伊坂幸太郎『フーガはユーガ』で開幕ダッシュが期待できるので終盤まで持続するのか見ものである。あと、ティーンズ向けに立ち上げたGROWが続くのかひっそり消えていくのかも注視していきたい。

↓14位 創元推理文庫 創元タルトタタンズ

このミス、週刊文春ミステリー海外部門のダブル1位『その裁きは死』が前半戦はチームを引っ張る。『タルト・タタンの夢』はじめビストロ・パ・マルシリーズのドラマ化もサポーター（書店員）を大いに盛り上げた。『ドロシイ殺し』発売時に『アリス殺し』、『クララ殺し』の3点並べる販売台を作るなどクラブの努力は感じられたがコロナ禍で多くのサポーターに伝わったかは少々疑問（営業力が魅力だから書店を回れないのは痛い）。来年の開幕ダッシュは『ヨルガオ殺人事件 上・下』のダブル1位に掛かってる?

↓15位 祥伝社文庫 祥伝ひとにゃん

風の市兵衛や浮世絵宗次日月抄シリーズなど昨年同様DF陣の安定感は抜群。本屋大賞ノミネート作品 小野寺史宜『ひと』や原田ひ香『ランチ酒』、あさのあつこ『にゃん!』、渡辺裕之『荒原の巨塔』などの活躍がゴールに繋がった。営業が回れない分FAXでサポーターに情報を流す古典的なスタイルもプラスに作用して何とか降格争いから逃れることに。

B2降格

NEW 16位 ちくま文庫 蔵前いつまでどすこい通信

向田邦子没後40周年ということもあり『向田邦子ベスト・エッセイ』、『向田邦子シナリオ集 昭和の人間ドラマ』が活躍する。西加奈子『おまじない』、稲泉連『「本をつくる」という仕事』、『杉浦日向子ベスト・エッセイ』、『おじさん酒場』など魅力的な作品は多々あるものの勝利に繋がらずB2降格へ。これが最後のB1になってしまうのだろうか……

NEW 17位 富士見L文庫 富士見アギトギーズ(アゴじゃないよ)

B1に昇格したものの補強がうまく行かず昨年同様顎木あくみ『わたしの幸せな結婚』に頼る試合展開になってしまう。選手の年齢層は比較的低いのだが酷使しすぎ（刊行ペースが早い）なのか早々に引退（シリーズ完結）する選手が多い。B2で育成に力を入れてB1昇格を目指して欲しい。

↓18位 徳間文庫 徳間千面鬼

上田秀人『裏用心棒譚 二』や門田泰明『ぜえろく武士道覚書』シリーズなどDF陣は安定していたものの、昨年のような映像化ゴールラッシュがなく苦しい試合が続く。今シーズンは戦術がマッチしていない印象が強く、例えば2021 徳間文庫大賞作下村敦史『黙過』や西條奈加『千年鬼』に幅広帯を付けたのは失敗だったのではないかと思われる。元の表紙は悪くないのだから幅広帯にしないでPOPにするだけで良かったのでは? そこら辺の戦術を練り直してB1に復活して欲しい。

	順位	文庫&チーム名	総評
B1昇格	↑1位	河出文庫 JR高輪ゲートウェイ駅公園口	柳美里著『JR上野駅公園口』が全米図書賞受賞で元柏レイソルのオルンガのように大爆発。勢いに乗って『JR品川駅高輪口』、『JR高田馬場駅戸山口』を立て続けに出す。『5分後に涙が溢れるラスト』、『5分後に慄き極まるラスト』で若い世代、『FMステーション』とエアチェックの80年代』にアラフィフ世代を取り込むなどB1でも上位に食い込める圧倒的な強さでB1に昇格する。山手線は30駅あるので高輪ゲートウェイ駅の本が出るまであと27駅待ちかな？
	NEW 2位	ハヤカワ文庫 ハヤカワヤバイTシャツ屋さん	『夏への扉』公開が延びるなどマイナス要素はあったものの、『機龍警察　暗黒市場　上・下』、『マルドゥック・アノニマス 6』、時代ミステリ文庫に移った『オランダ宿の娘』などB2で戦うには贅沢な戦力でB1復帰。ただ、文庫よりTシャツの方が話題になったのが気になるところ。来シーズンB1残留するにはこのミスか週刊文春ミステリーの1位が欲しいところ。
決定戦	↑3位	宝島社文庫 スマホ見つかった～ズ	映画化の『護られなかった者たちへ』が夏場からゴールラッシュを決める。本屋大賞2位効果で青山美智子『木曜日にはココアを』、『鎌倉うずまき案内所』も活躍。人気シリーズ3作目『君に恋をするなんて、ありえないはずだった　課外授業は終わらない』が少々躓いたのは気になるところだが終わってみれば3位フィニッシュ。来シーズンは早くも文庫化された『元彼の遺言状』に期待かな？　Bリーグ的にはタレー団に続きスマホも長く使ったので新たなチーム名になる作品が欲しいところ。
	NEW 4位	朝日文庫 朝日宮愛菜様ズ	開幕早々葉室麟『風のかたみ』、道尾秀介『風神の手』、桐野夏生『路上のX』が活躍。夏場は中村文則『その先の道に消える』、終盤には吉田修一『国宝 上・下』を投入してシーズン通して安定した戦いを見せる。ただサポーター（書店員）の印象に残るのは『相棒』シリーズと映画化された今村夏子『星の子』のみと少々寂しい。戦力的には申し分ないのだが淡白に感じるのはコロナ禍で営業活動が難しかったからなのか、そもそも営業力が弱いのか……
	↑5位	スターツ出版文庫 早く出会え～ズ	TikTokerけんご帯で『交換ウソ日記』シリーズやコラボフェア効果で汐見夏衛作品が大活躍。作品の中で恋人に出会えたかわからないけど、スターツ文庫はけんごと出会えて今年は幸せだったということのようです。ちなみに中年サポーター（書店員）はTikTokをわからないうえ「けんごと言えば稲妻レッグラリアートの木村だろ!!」とか「けんごと言えば中村、あっ俊輔と乳首ドリルやった川又の方か?」とトンチンカンなことを言って学生バイトを困らせているという噂も。
	↑6位	PHP文芸文庫 豊洲おけら白村江	今年も安定DFを見せた『本所おけら長屋』シリーズとともに荒山徹『白村江』がいぶし銀の活躍をする。開幕早々に投入された澤田瞳子『火定』は7月の第165回直木賞受賞効果で長く活躍するが、せっかくの表紙を文字だけの幅広帯にしたのはサポーター（書店員）内でも賛否分かれた。あと『わらべうた』、『いやし』など時代アンソロジーも良い動きをした。現代ものとなると原田マハ『独立記念日』、『異邦人』や東野圭吾『夢幻花』とワンパターンになりがち。来シーズンはMF、FWの強化が急務。
	NEW 7位	メディアワークス文庫 所沢テロリスツ	すっかりチームのエースとして活躍する浅葉なつ『神様の御用人』シリーズが今シーズンも9巻、10巻を刊行して安定した活躍をみせる。『早く出会え～ズ』同様TikTokerけんご効果で松村涼哉『15歳のテロリスト』にTikTok帯が付いて大活躍。その流れに乗り『恋に至る病』、『西由比ヶ浜駅の神様』、『逢う日、花咲く。』、『僕たちにデスゲームが必要な理由』などにTikTok帯を付けて結果を残す。しかし、10代～20代の読者とTikTokの親和性の高さには驚かされます。
	↓8位	扶桑社文庫 Meijiキノコマウンテンズ	クラブとしてNetflixオリジナル・ドラマ化された『瞳の奥に』を推し出して結果を残す。あとクライブ・カッスラー、トム・クランシーも安定した活躍を見せるが、それ以上に今シーズン目立ったのは『殿様は「明治」をどう生きたのか 1, 2』と『お姫様は「幕末・明治」をどう生きたのか』だ。こういうところにも大河ドラマ『青天を衝け』効果が波及しているのね。
	NEW 9位	二見文庫 ホラミス二見～ズ	時代小説文庫、ザ・ミステリ・コレクションに続き夏場に新レーベルホラー×ミステリ文庫を立ち上げる。創刊ラインナップが小林泰三、有間カオル、最東対地、黒史郎などなかなかのメンバー。刊行サイクルを安定させてレーベルとして定着して欲しいところだが、どうなるだろ？　そういえばWAi-WAi文庫&レインボー文庫はどこへ？
	↑10位	竹書房文庫 ホラホラ定期～ズ	海外作品の刊行が急激に減ったもののラブロマン文庫と怪談文庫の刊行が安定しているので気付いたら昨年より順位を上げていた。ここら辺はBリーグのレベル低下ということなのだろうか？　ちなみに佐伯泰英とか上田秀人など作家で定期購読する方はいるものの、怪談文庫を毎月全巻定期購読する方も結構いるそう。怪談好きが多いのかレーベルが愛されているのか……

B2 LEAGUE 2021シーズン最終順位

順位	チーム	コメント
↑11位	毎日文庫 毎日20ミリ	昨シーズンの3点よりは増えたものの今季も刊行点数5点と非常に少ないながら益田ミリ『永遠のおでかけ』、荻原浩『極小農園日記』の活躍で11位フィニッシュ。3年で14点とやっと棚に並んでも少し存在感が出るようになったかな? ちなみに、来シーズンは原田マハのエッセイ『やっぱり食べに行こう。』と黒木亮『島のエアライン 上・下』の3点でスタート。目指せ1年間の刊行点数10点オーバー!!
↓12位	彩図社文庫 彩図社ドヤ街ズ	昨年に続き高木瑞穂『売春島 「最後の桃源郷」渡鹿野島』、國友公司『ルポ西成 七十八日間ドヤ街生活』が活躍。今シーズンの新人『私は組長の息子でした』や『その土地の人が口を閉ざす日本列島のヤバイ話』などブレずに危険地帯な作品が良い動きをする。BFLに降格した鉄人文庫と危険ダービーができる日までB2でこのジャンルを盛り上げていただきたい。
↓13位	ヤマケイ文庫 FCマタギ	今シーズンの活躍を見ると『山怪』シリーズ、『マタギ 日本の伝統狩人探訪記』、『ヒグマとの戦い ある老狩人の手記』、『完本マタギ 矛盾なき労働と食文化』と安定の独自路線だったが、シーズン後半に『働かないアリに意義がある』を出して「ビジネス系に手を出すの?」とサポーター(書店員)を驚かせた。今の路線が確立されているから手を出さないほうが……
↑14位	だいわ文庫 だいわ一人呑んべえズ	雑学文庫レーベルの中では比較的軽めで女性向けの作品が多いなか東海林さだお『ひとり酒の時間イイネ!』や太田和彦『家飲み大全』など中年男性サポーター(書店員)を喜ばす作品もあったりする。雑学が多いなか碧野圭『菜の花食堂のささやかな事件簿』シリーズなど小説も出しているが棚に入れるとわかりにくいので背表紙の色を変えたら良いのでは?
↓15位	ハーパーBOOKS ハーパーミステリアムズ	ディーン・クーンツの名作『ウォッチャーズ』を思い出させると話題になった『ミステリアム』を春先に投入。マルコ・マルターニ『老いた殺し屋の祈り』や人気シリーズとなったレイチェル・ウェルズ『通い猫アルフィー』シリーズなど翻訳小説が厳しいなか健闘している印象。ただクラブの資金はハーパーBOOKSよりヴァニラ文庫、ハーレクイン文庫、MIRAじゃなくてmirabooksが稼いでいるんだろうなぁ。
↓16位	知的生きかた文庫 三笠枡野さんズ	雑学文庫の老舗レーベルにコロナ禍は大きな逆風になっている印象。というのもリモートワークが推奨され書店を訪れるサラリーマンが減ったことで通勤中に軽く読める雑学文庫の仕掛け展開の効果が無くなったのではないかと思われる。そんな状況でも『仕事も人間関係もうまくいく放っておく力』、『心配事の9割は起こらない』など枡野俊明作品は比較的活躍した。今までの日常と違う生活の中で疲れた心を枡野の言葉で気持ちを楽にしたい人が多いんだろうね。
↑17位	コスミック時代文庫 コスミックエロチャンバラ～ズ	昨年の『浪人若さま新見左近』3巻パック販売に続き辻堂魁『花の嵐』、『おくれ髪』に幅広帯を付けるという今風の展開をする。また、西澤保彦『あの日の恋をかなえるために僕は過去を旅する』、『神のロジック 次は誰の番ですか?』を投入するなどチャレンジングな1年だった。ただ、実際に活躍したのは鳴海丈や睦月影郎などエロチャンバラ系なんだけどね。
NEW 18位	日経ビジネス人文庫 祝20周年 文芸文庫は?	文芸文庫の刊行が無くなった2016年シーズンを最後にBFLに降格していたクラブが20周年を記念して久々にBリーグに復活。今季は大河ドラマ『青天を衝け』効果で渋沢栄一の玄孫、渋澤健『渋沢栄一 100の訓言』の活躍でB2残留を決める。日経ビジネス人文庫といえばハヤカワ文庫のようなトールサイズの作品が何点かあって棚に並べると凸凹になるのが気に入らないというサポーター(書店員)がいるとかいないとか……
BFL降格 ↓19位	文響社文庫 文響ドリームエレファンツ	今シーズンは文庫刊行点数ゼロ。結局『夢をかなえるゾウ』だけ出したかったということなのだろう。ただ、「店に来ないくせに忙しい時間に電話をしてくる」と不評の文響社お得意の電話営業では単行本『夢をかなえるゾウ』の展開依頼が多い。文庫にしたのは失敗ということなのかな?
BFL降格 ↓20位	飛鳥文庫 地獄パオーンズ	今シーズン序盤に3点を出して以降新刊発売がない。既存の選手で戦うにしても細木かおりの六星占術が移籍した今、大型書店の棚にビジネス系文庫が数点残っている程度なのではないかと思われる。そういえば『夢をかなえるゾウ』は飛鳥文庫から文響社文庫へ移籍したんだっけ。この作品に絡んだ2社がBFL降格ってことは夢をかなえてくれないんじゃない?

ベストイレ文庫2021

控え　住野よる、小野寺史宜、まさきとしか
中山祐次郎（GK）

MVP　東野圭吾
得点王　瀬尾まいこ
新人王　町田そのこ

に。

A　2位は文春。去年「SOTTO文春」ってチーム名です。

C　品薄になった頃にそっと重版かけて送ってくるってことですね。

B　今年は「文春バトンとパレード」にしておきましょう。

C　3位は普通に考えたら新潮なんだけど、年間売上を見ると河出文庫の柳美里『JR上野駅公園口』がすっごい売れてるんですよ。

A　残念なんですが河出はB2リーグなんですよ…。

C　ああ、可哀想に…。こんな時にB2にいたのか…。B1にいたら上位入賞ありえたのに。じゃあB2でダントツの優勝ですね。

A　J2で天皇杯優勝しちゃったようなものですね。

B　『JR高田馬場駅戸山口』『JR品川駅高輪口』と出ているので山手線全駅制覇してもらいましょう。

C　そしたら3位はさすがに新潮ですね。

A　新潮はブレイディみかこ『ぼくはイエローでホワイトで、ちょっとブルー』が売れてます。

B　あと住野よる『か「」く「し「」ご「」と「』と畠中恵『むすびつき』ですね。

C　仕掛けで重松清『ビタミンF』と瀬尾まいこ『卵の緒』が売れた。

A　「最泣の一冊」と「降涙確率100%」ってやつですね。さすが号泣する準備ができてる新潮社。新潮社は泣けば売れると思ってる。

B　うちは新潮が過去の直木賞作品をこれからどんどん掘り起こしたいって『ビタミンF』と江國香織『号泣する準備はできていた』を販促しにきました。でも何んとなしに積んだ『ルビンの壺が割れた』の方が爆売れしちゃって。捻らなくてよかったのね。

A　なかなか新刊で売れているのがないんですよね。既刊やロングセラーで強いもの持ってるけど。新潮が3位。新潮にとっては屈辱かな。

C　常勝軍団が3位だからね。

A　きっとブルーになってますよ。「新潮かなりブルーFC」ですね。

B　でも続編の『ぼくはイエローでホワイトで、ちょっとブルー2』って、ちょっと酷いタイトルですよね。あの「2」は、『ダイ・ハード2』とか『メジャーリーグ2』の「2」ですよ。

C　4位は角川か講談社。講談社より角川の方が売れてるんじゃないかな。伊岡瞬がとにかく売れてる。

B　売れてますねえ、まず『本性』。

C　『瑠璃の雫』も売れてる。あとやっぱり強い東野圭吾の『魔力の胎動』。

B　角川は上橋菜穂子『鹿の王』の映画が延期になっちゃってるのが可哀そうですよね。

C　二〇二一年九月公開の販売台が来てすぐに延期になっちゃった…。

B　そしてずっと延期のまま…。

C　販売台は使ってるけどかわいそう。

B　映画化は各社後ろ倒しになったりして、それも文庫の売上に影響出てますよね。

C　中公の『老後の資金がありません』も延びたよね。本屋としては映画があるならってずっと並べておかざるを得ない。あれこれいつ映画やったんだろう？って調べてみると、まだやってなかったりするんですよ（笑）。

A　角川に映画のことを聞くと、詳しくはWebHotLineを見てください、それで確認してくださいって言われる。それがめんどくさいから聞いてるのに。

B　営業さんに電話を掛けてもWebHotLineへって言われますよ。〈准教授・高槻彰良〉シリーズなんか頼んでも頼んでも品切れで全然来なかったです。

C　あれは中々入ってこなかったよね。

B　それなのに狐の凝った作りのお面の拡材だけぽんって送られて来たんです（笑）。

C　本は来ないけど拡材は来るってよくあるよね。

A　お面作るなら本作れよって話ですよ。「お免なさい」案件。チーム名は「ＫＡＤＯＫＡＷＡ ＷＨＬ」ですね。

C　5位はシュリンク問題の講談社かなあ。『おもかげ』が売れた。浅田次郎はやっぱり強い。

A　それと塩田武士『罪の声』。

B　東野圭吾『危険なビーナス』。

C　そうね。あとは時代ものの上田秀人かな。

B　講談社タイガで『ネメシス』が出たじゃないですか。

A　テレビドラマの原作を今村昌弘や青崎有吾が書き下ろしたやつね。

B　あれ。刊行がタイガじゃなくて講談社文庫だったら、もうちょっと売れたと思うんですよ。

A　タイガドラマじゃないしね。

B　広瀬すずとか櫻井翔が出てわーわー騒がれた割には売れなかったです。

C　しかも著者が異なるから棚に入れた時に整理番号が違ってバラバラに置くことになっちゃうんだよね。

B　星海社も含め講談社はそういうの多いですよね。

C　「護国寺シュリンカーズ」しかないんじゃない。

A　なんか結構カッコいい。

C　6位が光文社。

B　光文社といえば中山七里。中山七里は売れっ子になったなって感じですね。

C　『能面検事』ね。

B　幻冬舎では〈毒島〉シリーズも売れてるし。

A　なによりも誉田哲也『ノーマンズランド』が売れましたね。「光文社ノーマンズ」。

C　光文社の営業はフットワークが軽いよね。追加注文するとすぐ来る。拡材は弱いけど無いものをすぐに手配してくれるんだよね。

A　営業担当が動けるってのが良いですね。そこでネットで注文してくれと言われるとがっくりきちゃう。そういう意味では光文社は何とかしてくれる。

B　7位はどうしますか。

C　東京創元はどうですか。近藤史恵『タルト・タタンの夢』の〈ビストロ・パ・マル〉シリーズがドラマ化でがんばった気がします。幅広帯も作って、本もちゃんと書店に届けてくれた。

B　うちは『銀河英雄伝説』が一番売れましたね。

C　アニメ化でまだまだ売れるんだなと思った。それと浅倉秋成『九度目の十八歳を迎えた君と』も売れたよね。このミスの1位になりそうなホロヴィッツ『ヨルガオ殺人事件』もあるし、心象では創元の方が上だけど、実売だと幻冬舎かな。

B　幻冬舎よりも小学館はどうですか。

A　村崎羯諦『余命3000文字』やまさきとしか『あの日、君は何をした』が売れてますよ。

B　今になって松浦弥太郎『伝わるちから』が売れてますね。

A　桜井美奈『殺した夫が帰ってきました』なんてすごいタイトルの本も。

C　小学館の仕掛けっていくつかのアイテムからお店側が選べるのがありがたいよね。

A　うちはこれかなってセレクトできるのはいいですよね。やっぱり小学館が7位。

文庫売場を活気づかせたTikTok帯

C　大躍進ですね。

A　チーム名は「小学館余命～ズ」にしておきますか。本も読めと（笑）。

B　8位は創元、幻冬舎…。

C　中公も頑張ってるよね。

A　誤植回収騒動を乗り越えた柚月裕子『盤上の向日葵』に、筒井康隆の『残像に口紅を』がTikTokで紹介されてベストセラーに。今年はTikTok旋風が文庫界に吹き荒れてる。

C　誉田哲也も売れてる。

A　あとはなかなか映画が始まらなかった垣谷美雨『老後の資金がありません』。

B　今ちょっと売れてるのが原田ひ香の『三千円の使いかた』。

C　売れてますね。

B　中公は第2の垣谷美雨として育てようとしている。

A　確か解説が垣谷さんなんですよ。

C　中公が8位ですね。営業努力というか、そもそも営業が書店にまわってくるタイプじゃないんだけど、今はコロナでどこもまわれないから販促FAXや担当書店に注目の新刊や重版情報をメールマガジン的に送る細やかな気遣いの効果が出てるんだろうね。

A　そういう販促は上手い。

C　コロナになったこの一、二年は、FAXの上手さで売上が左右されましたね。

B　でも中公のFAXって未だに「チューコーですよ！」ってやってますよね（笑）。「チューボーですよ!」のモジリって、現役の書店員はもう見たことない番組になりつつあるのに。

A　じゃあチーム名は「チューコーですよ!」で(笑)。

B　ちなみに筑摩の販促FAXは未だに「蔵前どすこい通信」です。

A　国技館が蔵前から移って何年経ってると思うんですか(笑)。

B　猪木対ジェットシンの時代ですよ。

A　9位が創元か幻冬舎。幻冬舎は去年9位でしたし、今年も幻冬舎にしますか。

中央公論新社の販促FAX

C　でも幻冬舎より…双葉、ハルキ、祥伝社とかはどうですか。

双葉には湊かなえの『未来』がありますよ。

B　『未来』は売れましたねえ。ただ双葉も『未来』以外はなにもない…。

A　体育会系の双葉が元気ないのは寂しいね。

C　仕掛けが得意だったけど、コロナで営業がまわれないから提案もできないのかな。

B　こっちが電話して何かないですか?って聞いちゃうくらいでした。

A　若干迷走気味なのが双葉文庫ルーキー大賞です。

B　二〇二〇年の第一回が『遥かに届くきみの聲』、第二回が『だから僕は君をさらう』、第三回が『チェス喫茶フィアンケットの迷局集』で、第四回が『彼女が花に還るまで』。

A　発表の頻度が変なんですよ。

B　スパンが短すぎますよね。ああいうのって年イチでいいんですよ。

A　そう。その本を一年間売っていくくらいの気概じゃないとダメなんだと思う。

C　まあ来年こそはコロナが収束して、また双葉の仕掛けが上手くいくと期待を込めて双葉が9位。

A　「双葉ガンバレルーキータバブーズ」ですね。こうなると10位が幻冬舎なのかな?

C　実日も頑張ってるよね。つい最近出た伊坂幸太郎『フーガはユーガ』が売れてる。

A　売れ方は優雅じゃない。

C　でもBリーグのシーズン的には来年になりますね。

A　ああ、残念。来年は上位に来るかな。

C　10位は幻冬舎!

B　住野よる『麦本三歩の好きなもの』が売れましたね。

C　中山祐次郎『泣くな研修医』のシリーズがドラマ化されて、南杏子『いのちの停車場』も映画になってるよね。何気に売れてるかも。

B　『漁港の肉子ちゃん』は映画化が悪い方に向いたケースですよね。

C　企画・プロデュースが明石家さんまで、主演が大竹しのぶって話題作りだけど、西加奈子の作品には向いてなかった。

A　去年のチーム名は「ノット幻冬」。

B　「走れ幻冬舎」にしておきましょう。

A　11位。実日、祥伝社、創元…。

C　ポプラは辻村深月『かがみの孤城』がダントツに売れてました。

A　それ一冊でも良いくらい。

C　ずっと売れてるいぬじゅん

『この冬、いなくなる君へ』もある。

A　ポプラが11位でいいんじゃないかな。チーム名は「ポプラミラーズ」。

B　ハルキが12位ですかね。早見和真『店長がバカすぎて』が売れてます。

A　あの販促パネル面白かった。春樹社長が出てるやつ。

B　ネットでも「店長がバカすぎて品切れです」ってPOPを拡散したりして盛り上がってましたね。

C　ハルキには髙田郁〈あきない世傳 金と銀〉シリーズもありますからね。

A　12位決定。「はるきのちいむ、社長が…」。

B　それ以上は危険です!!

C　そろそろ降格の3チームを決めましょう。

B　徳間ですかね。

C　うちは伊岡瞬『痣』しか…。

A　去年も『痣』だけ。消えない痣です。

B　西條奈加『千年鬼』を幅広帯にして出すって言われて喜んでたら、それがあまりによくないデザインで…。久しぶりに提案してきてこれかって驚きました。

A　徳間もちょっと迷走中ですね。復刊専門レーベル「トクマの特選！」には期待しているんですが、残念ながら18位で降格。チーム名は「徳間千面鬼」。洗面器で顔を洗って出直してもらいましょう。

C　あとはちくま、富士見、祥伝社、実日、創元の中から2つ降格チームを選ばないと。

B　実日と創元の降格はないですね。

A　そしたら13位が実日で、14位が創元。

C　実日には原田マハ『総理の夫』があるからね。「実日ファーストジェントルマンズ」。

A　創元は「創元タルトタタンズ」ですね。祥伝社、富士見、ちくま…。

C　祥伝社はなんといっても小野寺史宜『ひと』が売れた。あとあさのあつこの『にゃん！』が売れました。

A　「笑いあり、癒やしあり、モフモフあり」。モフモフでどうにかB1残留。15位が祥伝社。「祥伝ひとにゃん」。で、ちくまと富士見が16位、17位で残念ながら降格。「筑摩いつまで蔵前どすこい通信」に「富士見アギトギーズ」。

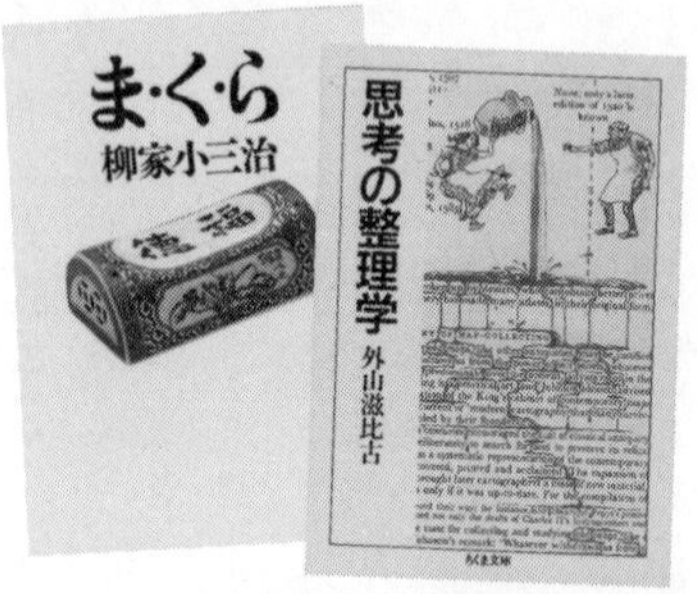

文庫で故人を偲ぶ

B　ちくまは昨年亡くなった外山滋比古の『思考の整理学』と没後40周年の向田邦子『向田邦子ベスト・エッセイ』ですかね。

A　死者で飯を食っているという…。

B　いや、でも文庫担当って本当に死者で飯を食っているようなもんですよね。この間も柳家小三治がお亡くなりになりましたけど、翌日にスタッフに『ま・く・ら』（講談社文庫）頼んだ？って聞いたらポカーンとしてるんですよ。小三治と言ったら『ま・く・ら』だろうって！

C　松本清張や池波正太郎が亡くなったタイミングを知ってる書店員だと作家が亡くなるとこんなに本が売れるんだ！って植え付けられてるんだけどね。

A　文庫担当は余命を気にしてる場合じゃない。

読者アンケート

私の文庫ベスト1 2021

☆本の雑誌読者はこの一年、どんな文庫にハマったのか。九年ぶりに復活のシリーズ最新作から、生ビールが飲みたくなる熱い一冊まで、全国一千万活字中毒者が選ぶ二〇二一年のベスト1はこれだ！

新・AV時代　全裸監督後の世界

本橋信宏／文春文庫

☆人は皆その人なりのパワーを持っている。しかし、それが向く方向は千差万別だ。この本にはAVという方向にもの凄いパワーを持った人々が登場する。一ヶ月に1億の豪遊をする生活から50億の借金生活になる村西とおる。女にとことん振り回される日比野正明。凄絶なる流転の人生を経て、〝自然体〟で〝永続性〟という境地に至る代々木忠。「AVって見たことないの。というか嫌い」と居直り、テレビ屋が考えたAVを考える高橋がなり。

一度は私もお世話になった皆さんは紆余曲折なんて言葉にはおさまりきらない修羅場をくぐり抜けている。中でも高橋氏が作り、日比野氏が監督の史上最大のガチンコバトルAV「空中ファック」はこの本の白眉。この内容は是非読んでほしい。んな頭がおかしいと言っても過言じゃないよなバカな事やってるのになぜだろう。トップアスリートの試合を見る、いやそれ以上に応援したい気持ちになる。いかがわしい事やってるになぜだろう。読んでいてなんとも爽やかな気分になってくるのだ。バカでヤバくてエロい事に真剣な人々の姿を読んでていい感じに元気が出てくるおかしなエネルギーに満ち満ちた一冊である。

（大方直哉・いかがわしい社員55歳・仙台市）

デザイン・城井文平

あめつちのうた

朝倉宏景／講談社文庫

☆高校時代は野球部に在籍していたが、試合に出る機会はまったくなかった。グランド整備には真っ先にトンボを持って走ったし、上級生になれば率先して水撒き担当になり、こっそり涼を得ていた。雨が降れば本音は練習中止にしたいところ、水たまりをスポンジで吸い取ったも

シリーズ最新作で決まりだ！

『蠱惑の本　異形コレクションL』井上雅彦監修／光文社文庫

☆シリーズ前巻『ダーク・ロマンス』とともに、九年ぶりの復活となる本書の刊行は、〝異形コレクション〟シリーズに大いなる愛着を抱いているわたしにとって、まさに一大事件でした。編者・井上雅彦氏の心意気に胸が熱くなりましたし、アンソロジーとしての出来映えも上々で、読み終えて、満足感でいっぱいになりましたっけ。この〝異形コレクション〟のアンソロジーが続く限り、ずっと付き合っていこう！　って、心からそう思ったもんなあ。

　てなわけで、実に嬉しいシリーズ五十冊目の本書に、乾杯。

（橋本真也・郵便屋さん58歳・幸手市）

『宿敵』リー・チャイルド、青木創訳／講談社文庫

☆今年の文庫ベスト1は、ジャック・リーチャーで決まりです。緊急事態の真最中だったので買いに行けなかったのですが、考えてみればネットで注文して送ってもらってもよかったし、電子書籍をダウンロードするという手もあったのでした。

講談社文庫のフィルムパックとは、これが初対面でした。『宿敵』は指名買いなので中味を検める必要はないのですが、これほどまでに密にマスクする理由は、どこにあるのでしょうか。脱がすのに、ぢゃなかった剝がすのに、えらい難儀しました。

　それはともかく『宿敵』（原題：Persuader）は、リーチャーシリーズの第七作。全二十五作（二〇二〇年時点）中、邦訳されたのは十二作。なんだか計算が合いませんが、まだまだ楽しめる余地が残されていることは確かです。ちなみに『宿敵』は『モンテ・クリスト伯』を彷彿させる話でした。

（武田伴兵衛・翻訳ミステリ応援団64歳プラス1・豊中市）

のである。そういったスピンオフの日々を思い出した夏であった。

　今年は2年ぶりに甲子園での全国大会も開催された。ところがコロナの規制と同時に雨に邪魔された日が多く、田んぼのような内野にボールが止まってしまったり、バットがすっぽ抜けて飛んでいく試合もあった。合せて7日間の順延があり決勝戦は8月29日。プロ野球の再開も夏休みの終わりも迫っていた。

　この文庫が並んだのはまさにこんな夏の真っ最中だった。SNSでも「＃まさに今の甲子園」「＃阪神園芸神業」といった言葉が飛び交っていた。

　就職して「はじめての春」、仕事の失敗でへこむ主人公の雨宮大地は先輩の甲斐さんに夕食に誘われる。「結果として感謝されることがあったとしてもな、それを目的にしたらあかんやろ」と諭される。「お好み焼き屋もトラックの運転手も普通のサラリーマンも、それぞれの持ち場を必死で守っている。」こんな一言で雨宮君はやる気がわいてくるのであり、この一冊がどんな職業にも当てはまる「お仕事小説」の傑作と言われるゆえんである。

　いろんなことに熱心だったあの頃を思い出し、やはり生ビールを思い切り飲みたくなる熱い一冊である。

（櫻井雄司・トンボが好きだった会社員57歳・長野市）

杉浦日向子ベスト・エッセイ

杉浦日向子著、松田哲夫編／ちくま文庫

☆江戸時代の小説等がマイブームだった頃、杉浦さんのマンガやエッセイに夢中になりました。ただエッセイは主に江戸時代の事が書かれた本しか読んでいなかったので、今回のベストエッセイを読んでこんなにたくさんあるとは!!　今さらながらの発見と、これからそれぞれ探して読む楽しみができました。中でも「トライバスロン」という鹿児島まで長距離バスで乗って行って帰るだけ（途中福岡で乗りかえ）の話が、丁度、コロナ禍の今でもできそうな感じがしましたが、どうでしょうか。（東中真智子・事務員44歳・明石市）

花火　吉村昭後期短篇集

吉村昭著、池上冬樹編／中公文庫

☆自分が年令を重ねる毎に、人生の店じまいをどうするかということに関心が行く。吉村昭は若い時に重病を体験したことが影響したのだろう人生の終末を見据えた透徹な文章にとてもひきつけられる。また、人生の皮肉というかアイロニーを感じる話が多い。

本短篇集で1番印象強いのは、タイトルにもなった「花火」とまさに定年後の自分に置き換えて身につまされる「寒牡丹」だろう。あと分からないのは、「雲母の柵」というタイトルの意味だ。自分の読解能力の低さに腹が立つ。誰か教えていただけたら幸いです。（石坂文織・会社員59歳・福岡市）

CD・中央公論新社デザイン室

皮肉な終幕

リチャード・レヴィンソン&ウィリアム・リンク、浅倉久志他訳／扶桑社ミステリー

☆子供の頃、テレビで「刑事コロンボ」を家族で観るのが楽しみでした。倒叙ミステリーに触れた、初めての機会でもありました。

セレブの完全犯罪に、冴えないコロンボがじわじわ迫り、ひねりの効いたエンディング。日曜の夜を心待ちにしたものです。

その脚本家である、リチャード・レヴィンソン&ウィリアム・リンクの初期作品短編集。

いずれも短いけれど、ミステリーありクライムありアクションに艶笑物とバラエティ豊か。コロンボの原点らしき作品もあるけれど、「ヒッチコック劇場」みたいだなーと思っていたら、本当に「ヒッチコック劇場」のシナリオも書かれており、若い頃には、「ヒッチコックマガジン」に短編の寄稿もしていた作家コンビでもあったとのこと。

詳しくは、巻末の解説、小山正氏の「「刑事コロンボ」誕生までの若き思索の日々」を一読下さい。「コロンボ」&「ヒッチコック劇場」ファンは感激です。（江森美香・本の虫ケアマネジャー57歳・長崎市）

CD・小栗山雄司

せき越えぬ

西條奈加／新潮文庫

☆物語りは因習、しきたり、身分制度の厳しい武士の世界を描いているのだけれど、どのような時代に生きようとも「人間の心の中だけは、誰にも束縛されない自由があるのだ」ということを強く思った。

固い友情、集う心温かな友たち、まっすぐで優しく強い。そして明るい。清々しい小説でした。（五十嵐のり子・無職68歳・仙台市）

冬休みに読みたい！

おすすめシリーズ

SF

◎香月祥宏

“美とは何か”に迫る《博物館惑星》がすごい

SFでシリーズものと言えば《銀河帝国興亡史》に《ハイペリオン》、《妖星伝》や《銀河英雄伝説》……と、オールタイムベスト級の作品がいくつも思い浮かぶ。とはいえ、過去の名作まで扱っていたらとても枚数が足りない。そこで今回は条件を絞って、ここ数年以内に新刊（邦訳）が出ていて、さらに続篇も期待できる、そんなシリーズから五作を選んでみた。

というわけで、まずは短めのものから。『永遠の森』『不見《みず》の月』『歓喜の歌』の三冊から成る菅浩江の《**博物館惑星**》シリーズ（ハヤカワ文庫JA）は、一巻目から順に、日本推理作家協会賞、星雲賞、日本SF大賞という圧倒的な受賞歴を誇る。宇宙のあらゆる美を蒐集研究する博物館惑星〈美の女神《アフロディーテ》〉で起きる事件を連作形式で描いた、作者の代表作だ。「美とは何か」ひいては「〝美しい〟と感じる心とは」という問いに、SFならではの設定を生かして迫ってゆく。一巻目の見事な最終話、さらにそれを超えて行く三巻目の大団円は圧巻。本作自体が〝美しい〟SFのひとつの理想形を体現する。三巻目でひと区切りついているが、まだ番外篇・続篇が生まれる余地は十分ありそう。

アン・レッキーの《**叛逆航路**》シリーズ（赤尾秀子訳／創元SF文庫）も、受賞歴では負けていない。『叛逆航路』『亡霊星域』『星群艦隊』の三部作で、なんと全世界十三冠。かつて四千人の属躰《アンシラリー》（集合意識を持つ生体兵器）を同時に操っていた超高度AIが、訳あって単体となり冒険を繰り広げる。ジェンダーを区別しない文化が背景にあるため、三人称代名詞はすべて〝彼女〟。他にも凝った異文化設定があり、男と女、人類と異星種族、人とAIなど、さまざまな境界を巧みに撹乱する。スペースオペラに新時代を告げた、象徴的なシリーズだ。最新作『動乱星系』では、別の星系を舞台に新たな展開を見せる。

CD・ハヤカワ・デザイン

続いて、三冊じゃ物足りないという人に向けて、五冊以上のじっくりコース。内容的にもちょっと趣向を変えて、派手なアクションが楽しめるものをご紹介しよう。オキシタケヒコ『**筺底《はこぞこ》のエルピス**』（ガガガ文庫）は、円城塔や石田衣良も絶賛する異能力バトルもの。人に殺人衝動を起こさせる「殺戮因果連鎖憑依体」を滅するため、限定的に時間を止める能力「停時フィールド」（個人の特性によって発現の仕方が違う）を駆使して戦う組織を描く。ワームホールを用いたタイムゲートが重要な役割を果たすので、物語は時空を超えて展開。精密に組まれた時間SFとしての骨格を、絶望と希望がめまぐるしく移り変わる限界バトルで肉付けする。現在七巻まで刊行中だが、追いついたら続きが読みたくて身悶えすること間違いなし。

　バトルと言えばメカでしょ、という人には、ピーター・トライアスの『ユナイテッド・ステイツ・オブ・ジャパン』に始まる《USJ》シリーズ（中原尚哉訳／ハヤカワ文庫SF）を。大日本帝国が戦争に勝利してアメリカを解体、巨大ロボを開発した世界を描く改変歴史SFで『USJ』から『メカ・サムライ・エンパイア』『サイバー・ショーグン・レボリューション』と続く三作、各上下巻の全六冊から成る。『高い城の男』成分が濃厚なディストピアSFの一作目、パイロット候補生たちの青春群像劇でナチス怪獣型ロボとのバトルが熱い二作目（メカ戦好きならここから読もう）、暗躍する凄腕テロリストの正体を追うミステリ風味にメカが絡む三作目と、それぞれ魅力的。改変歴史ものとして芯が通っているので、意外なほどキワモノっぽさはない。長篇としてはこれで完結だが、中・短篇が書かれる可能性はあるとのこと。

　最後は、せっかくならどっぷり長〜く作品世界に浸りたいという方に、ジョージ・R・R・マーティンの《氷と炎の歌》シリーズ（岡部宏之・酒井昭伸訳／ハヤカワ文庫SF）を。本書を原作としたドラマ「ゲーム・オブ・スローンズ」も話題になったので、ご存知の方も多いだろう。長く続いた夏が終わり厳しい冬を迎えようとしている世界〈七王国〉が舞台で、冬の読書にもぴったり。各王家の権力争い、王国間での駆け引きや戦争、外部から迫り来る脅威など、多数の要素と登場人物が複雑に絡み合い、壮大な架空の歴史を編み上げる。言わば、諸葛孔明についての予備知識なしで読む『三国志』にして、マリー・アントワネットを襲う悲劇を思いもせず読む『ベルばら』であり、本能寺を知らずに読む『国盗り物語』――そんな読み応えのある異世界戦国絵巻だ。今ならドラマ版と併読もできるし、ドラマのほうで（たぶん原作とは別ルートだが）ひと区切りついているので、穏やかな心で完結を待てる、かもしれない。現在文庫で読めるのは、第五部までの本篇十二冊と外伝一冊。続篇に期待というか、出てもらわないと困るシリーズだ。

　以上五作、みなさんの冬のご予定に合わせて、SFならではの宇宙や未来や異世界への旅をお愉しみいただければ。どのシリーズも、この冬のうちに既刊を読破すれば、続篇への熱い期待が湧いてきて、あなたを暖めてくれるだろう。

冬休みに読みたい！

おすすめシリーズ

ミステリー

◎酒井貞道

個性特濃の面々の〈P分署捜査班〉に◎！

平日よりも読書時間が確保できるとはいえ、年末年始は意外と忙しい。ここはあまり欲張らず、「巻数はまだそう多くない」シリーズを読むのがオススメである。

最初に紹介するマウリツィオ・デ・ジョバンニの**P分署捜査班**シリーズ（直良和美訳／創元推理文庫）は、まだ二巻しか邦訳されていない。問題を抱えた警官が、ナポリのピッツォファルコーネ署に集められ、続発する事件に対応する、モジュラー型の警察小説である。一応主役はロヤコーノ警部で、独自の捜査方針を貫いて左遷されてきた人物である。妻子もいるが別居中だ。彼の下には、コンピューターに強いカラブレーゼ副巡査部長、暴力衝動を抑えられないロマーノ巡査長、度を越えた銃器好きのディ・ナルド巡査長補、コネ就職の伊達者アラゴーナ一等巡査が配される。ロヤコーノの上には、妻を亡くしたピザネッリ副署長と、新任のパルマ署長がいる。

CD・中村 聡

このシリーズは、章ごとに語り手が変わる。前段落で紹介した七名の警官も、順不同に語り手を務める。この問題児たちが全員、個性特濃なうえに、それぞれのプライベートに深い事情がある。場合によっては闇すら抱えており、読み進めるほどに「この人こんな事情を抱えていたの？」という驚きが目白押し。彼らの個人的な物語としてだけ読んでも楽しめる。特にピザネッリ周辺は強烈で、第一作の該当箇所に差し掛かった時、私は目か頭がおかしくなったかと、二度読み三度読みした。いやあビックリした。起きる事件も読み応え十分、しかも毎回三百ページ台にまとまっており、読みやすい一方で密度が高い。各長篇の幕切れも、続きが絶対に気になる書き方になっていて心憎い。現役最高の警察小説シリーズなので、この機会に必ず読んでください。

M・W・クレイヴンの〈**ワシントン・ポー**〉シリーズ（東野さやか訳／ハヤカワ・ミステリ文庫）は、一人の刑事に焦点を当てるタイプのシリーズである。優秀な刑事だが独断専行の癖があるワシントン・ポーは、『ストーンサークルの殺人』ではストーンサークルで老人が惨殺される連続殺人に、『ブラックサマーの殺人』では著名シェフの殺されたはずの娘が生きた姿を現わした椿事に、それぞれ巻き込まれる。そう、彼は刑事なのに、なぜか「巻き込まれる」タイプの主人公なのだ。そしてその荒波に、彼はよく挑む。データマイニングのプロ、ティリー分析官をはじめ、仲間たちも彼をよく助ける。また、ワシントン・ポーなる珍名の由来を含め、彼自身の過去が、シリーズを連ねる縦軸となっている。各篇の事件の派手さと真相の意外性も、なかなか具合が良い。まだ二作しか邦訳されていない今こそ、本シリーズに着手する好機だ。

刑事が主役を務めるものとしては、一九八〇年代の北アイルランドを主要舞台とする、エイドリアン・マッキンティの刑事〈**ショーン・ダフィ**〉シリーズ（武藤陽生訳／ハヤカワ・ミステリ文庫）も忘れられない。主役ショーンは、アイルランド系にもかかわらず、体制側（つまりイギリス側）の刑事という職に就いており、警察内では爪弾き、地域住民からは毛嫌いと、なかなかシビアな立場にいる。ここに、IRA盛期の、騒乱状態に近い北アイルランドの世情が、当時の音楽シーンを彩った多ジャンルの名曲の彩を添えつつ、生々しく活写される。当時の首相マーガレット・サッチャーが、台詞付きで登場する巻もあるなど、物語は社会的・政治的な動向をも取り込んで気宇壮大に進行する。しかもシリーズで起きる事件には密室殺人や多重殺人などが含まれており、謎が魅力的である。推理も堅牢で、トリックが面白い作品もあり、ディープなミステリ・ファンも十分満足できるはずだ。

最後に、我が国の若手ミステリ作家、青崎有吾の〈**アンデッドガール・マーダーファルス**〉シリーズ（講談社タイガ）を推しておこう。本シリーズの舞台は十九世紀末であり、吸血鬼、フランケンシュタインの怪物、人狼、灰色の脳細胞、シャーロック・ホームズ、ルパン、オペラ座の怪人など、当時を舞台にできるホラー系ないしミステリ系のキャラクターが、主要登場人物として大挙して登場する。それだけではない。保険会社ロイズ社の特殊部隊が怪物撲滅を目論み、悪人連合は何かを企んで暗躍している。そしてここに、青崎有吾オリジナルの探偵トリオ（妖怪＋鬼＋メイド）が殴り込みをかけるのである。ほぼ毎話、三つ巴ないし四つ巴のバトルが展開されるが、本シリーズの特色は、荒事のみならず、殺人事件や盗難事件の謎解きも重要なポジションを占めていることだ。鮎川哲也賞でデビューしたこの作家らしく、ロジックが強固なのが魅力である。特に第三巻は素晴らしい。人狼ゲームを小説でやろうとした単純な試みかと思いきや、中盤で状況が一気に複雑化し、緻密な伏線の綺麗な回収と相俟って、圧巻の真相が演出される。本格ミステリのファンは必読だと思う。

え？　いかにもライトノベルな装丁の本をレジに持って行くのは恥ずかしい？　そういうときは電子書籍や通販も活用しましょう。現役最高水準の本格ミステリを、さあとくと味わってください。

デザイン・坂野公一
（welle design）

冬休みに読みたい！
おすすめシリーズ
時代小説
◎細谷正充

長谷川卓『嶽神伝』のバトルに血が滾る！

「時代小説文庫のおすすめシリーズ」をテーマにして、三、四作を挙げるよう編集者から求められたが、非常に困っている。なにしろ面白い作品が多すぎるのだ。あれもこれも取り上げたいが、その余地がない。しかたがないので、自分の大好きな作品に絞ることにしよう。

　ということで、まずは長谷川卓の『**嶽神**《がくじん》**伝**』シリーズである。戦国乱世の歴史の流れを背景に、さまざまな〝山の者〟の戦いを描いた痛快作だ。シリーズは全八作。講談社文庫で、シリーズのトップを飾る『**嶽神**』が、とにかく私は好きなのだ。

　主人公は、ある事情から山の者の集団から追放され、《ひとり渡り》の暮らしをしている蛇塚の多十。ちょっとした縁から、武田勝頼より三男の若千代を託された彼は、安全地帯まで送ろうとする。しかし若千代の抱える不可解な事情から、限定された地域を逃げ回ることになった。そこにムカデと呼ばれる武田の金掘衆の生き残りの娘・蓮が加わり、真田や伊賀の忍者たちと死闘を繰り広げるのだった。

　この作品の魅力は、多十たちと異能の忍者たちのバトルにある。忍者屋敷襲撃。伊賀四天王との戦い。朽木一族との戦い。山の生活から生まれた知恵と武器を使い、忍者たちに立ち向かう多十のアクションが格好いいのだ。

　もちろん他の作品も面白い。木暮衆の無坂。南稜七ツ家《や》の二ツ。四三衆《しそうしゅう》の月草。あるときは単独で、あるときは協力し合い、各作品の主人公が、強敵と対決する。どれを読んでも血が滾る、傑作シリーズなのだ。

　お次は、芝村凉也の『**素浪人半四郎百鬼夜行**』シリーズ（講談社文庫）にしよう。訳あって藩を追われた浪人の榊半四郎が、聊異斎という不思議な老人と、捨吉という子供と出会う。そして三人で、妖怪関係の事件にかかわることになるというのが、シリーズのフォーマットだ。次々と起こる妖怪絡みの事件が凝っており、興味深く読み進めることができる。

　ただし本シリーズは、それだけで終わらない。巻を重ねるごとにストーリーが、大きく膨らんでいくのだ。なにしろ最終巻で

CD・内山尚孝
(next door design)

は、世界滅亡の危機まで行ってしまう。

　それを阻止しようとする半四郎たち。権力者たちが放った忍者や異能者。かつて聊異斎を狙った妖怪。これらの勢力が浅間山に集結し、三つ巴、四つ巴の大混戦。徳川家の秘事まで明らかになり、これはもう伝奇小説のノリである。シリーズが始まったときには、ここまでビッグ・スケールの物語になるとは思わなかった。作者の想像力と創造力に脱帽だ。

　現在の文庫時代小説のシリーズには、料理人を主人公にしたり、料理屋を舞台にした作品が多い。そうした流れを作ったのが、髙田郁の**『みをつくし料理帖』**シリーズ（ハルキ文庫）だ。訳あって大坂から江戸に出てきた、天涯孤独な澪が、さまざまな困難に遭遇しながら、女料理人として成長していく。テレビドラマや映画にもなったので、ご存じの人も多いだろう。

　本シリーズの魅力は、ヒロインの澪の生き方だ。私は第一巻の帯に、「人は、これほど健気になれるのか。これほど夢中になれるのか。悲しい過去と重い現実を背負った、若き女料理人が、真っ直ぐに成長する。この味わい、深く、そして温かい」と書いた。その味わいは、シリーズのラストまで変わることがない。素晴らしい作品である。

　また、各巻の巻末付録「澪の料理帖」も見逃せない。作中に登場する料理のレシピだ。実際に美味しく食べられるレシピを作るのは、大変なことだったろう。それを作者はやってのけた。こういう読者サービスは、嬉しいものである。

CD・芦澤泰偉

　さて、まだ始まって数年だが、早くも風格を感じさせる作品がある。今村翔吾の**『羽州ぼろ鳶組』**シリーズ（祥伝社文庫）だ。主人公は、出羽新庄藩の火消の頭取を務める松永源吾。かつて鉄砲組四千五百石の御旗本・松平家の定火消として活躍し、〃火喰鳥〃の異名で持て囃されていた人物だ。ある事情で浪人していた源吾だが、新庄藩にスカウトされ、頭取を引き受けたのである。ちなみに大名が私設の消防隊を抱えるのは義務であり、新庄藩は大名火消に属する「方角火消」と呼ばれる。時代物に登場する火消は、ほとんど町火消であり、大名火消を主役に据えているのは珍しい。新しい物語を創ろうという、意欲の表れであろう。

　シリーズ第一巻で舞台を整えた作者は、巻を重ねるごとに物語の厚みを増していく。源吾を中心にして深まっていく、家族（妻の深雪が、愉快なキャラクターである）や、仲間たちとの絆。危険な炎に立ち向かう、火消たちの心意気。読めば読むほど、心が昂るシリーズなのだ。

　その他、風野真知雄の『妻は、くノ一』、野口卓の『よろず相談屋繁盛記』、千野隆司の『おれは一万石』、辻堂魁の『風の市兵衛』、霜島けいの『九十九字ふしぎ屋 商い中』、坂井希久子の『居酒屋ぜんや』、井原忠政の『三河雑兵心得』など、言及したいシリーズは無数にある。時代小説文庫は、まさに宝の山なのだ。

地代母のすすめる藤沢周平文庫一〇冊！
どくヤン！番外編
原作●左近洋一郎
漫画●カミムラ晋作
我が名は
地代《じだい》康尚《こうしょう》
ヤンキーながら時代小説を愛する
〝時代小説ヤンキー〟だ
燃えよ剣
何を言ってるかわからん奴は——
同月発売の『どくヤン！～読書ヤンキー血風録～』を読んでくれい
2021年12月8日
本の雑誌社より発売の
読書×ヤンキーギャグ漫画
俺には一つの悩みがある
それは……
おふくろ！
進路希望調査の紙知らねーか？この辺に置いて…
それなら——
私が書いておいたわよ
はぁ!?
勝手に書いてんじゃ——
進路希望調査票

!?
進路希望 調査票
年 組
進路 理由
第一希望 蝉しぐれ 藤沢周平の集大成的作品だから
第二希望 小ぬか雨 "絶望の中の光"を感じてほしいから
第三希望 消えた女 "どん底からの再生"に共感してほしいから
四希望 溟い海 人間の多面性を知ってほしいから
第五希望 驟り雨 人の持つ暗い感情を味わ…
月 日までに提出してください
裏につづきます♡
おい…これ藤沢周平の小説タイトルじゃねーか!
ああっ裏まで!
私が康尚に読んでもらいたい・・・希望作品ベスト10よ!
あなたがなかなか藤沢周平作品を読もうとしないから母さん心配で心配で…
立《たち》花《ばな》登《のぼる》に診てもらいたいわ~
このイカれた藤沢周平マニアが俺の母親だ
日常会話の中にもしれっと藤沢周平をねじ込んでくるからタチが悪い…
強引すぎてかえって手を出しにくいんだよ
もー!! 〝隠し剣〟を食らわせるわよ
チッ
そうそう 母さん神社にお参りに行ってきてね…絵馬を買ってきたわ
はいっ!
はぁ!? ヤンキーだぞ合格祈願なんて…
祈

祈
「消えた女」
短編連作で捕り物というと、「獄医立花登手控え
主人公が希望に充ちた青年であるのに対して、「彫師～
過去を持つかつての十手持ちである。女房が他の男と心中
彫師として細々と仕事をする…はずだったのだが、未解決の
頼まれるうちに…。仕事帰りに立ち寄る飲み屋のおかみは
伊之助にちょっと気があって…と面白いこと間違いなしの設定
男と女の距離が少しずつ変化していく面白さ。しかし「獄医
の若者の成長の過程であるのに対して、「彫師～」ではと
人間不信、自己嫌悪からのゆっくりした二人の再生である点も
祈
「蟬しぐれ」
祈
「白き瓶」
を中心とした武家物、江戸を中心とした市井物とは違った
一茶」などと同種類だが、結核という重い病と闘いながら
続けた節には藤沢の思い入れの深さを感じずにはいられない。
説の周辺」には藤沢がこの小説のために莫大な資料を調べ、
青島を訪れるなどのいきさつが自身の言葉で書かれている。作品は
歌人の死」で、転地療養が病気に効くと信じて、病が進行する
を転々と歩き回る歌人の様子が、息もつかせぬ勢いで描かれ
悲しくもあり神々しくもある。近代の和歌俳句に少しでも関心が
すすめしたい作品である。
絵馬に藤沢作品のレビューが!?
藤沢祈願よ
何だ藤沢祈願って!?
いいかげんにしろー!!
ダッ
あっ康尚!!
こうして俺は家を飛び出し北へ北へと……
いつの間にか辿り着いたのは……!
はっ
もしやこの場所はっ?
鶴岡市立 藤沢周平記念館
郵便でーす
はーい?
ぐ～
「蟬しぐれ」おもしれーな
康尚
あの子…
終

地代（母）が薦める藤沢周平（文庫）作品ベスト一〇

	書名	版元	おすすめ理由
一	蟬しぐれ	文	藤沢小説の集大成的作品。文四郎の思い人で強い意志を持つ女性・ふくの存在が魅力的。
二	橋ものがたり	新	収録作「小ぬか雨」が良い。絶望の中に仄かな光が垣間見えるラブストーリーは藤沢の真骨頂。
三	彫師伊之助捕物覚え 消えた女	新	若き主人公の成長がテーマの「獄医」シリーズと違いどん底からの主人公の再生が面白い。
四	暗殺の年輪	文	「溟い海」はデビュー作にして人間の多面性を深く追求する藤沢作品の魅力に溢れている。
五	驟《はし》り雨	新	収録作「驟り雨」が良い。人間の持つ暗い感情である嫉妬の描写が真に迫っており、秀逸。
六	白き瓶　小説長塚節	文	『一茶』と同じ武家ものだが、病に苦しみながら歌を作り続けた節に藤沢の思い入れを感じる。
七	隠し剣 孤影抄	文	収録作「女人剣さざ波」が良い。藤沢が描く女剣士はただ強いのでない個性に充ちている。
八	花のあと	文	収録作「花のあと」が良い。老齢の女剣士の淡い恋物語と仇討ちに表題の意味を噛みしめる。
九	春秋山伏記	新	異色作。武士でも町人でもない山伏と村人の信頼の物語。寡婦おとしとの関係の変化も良い。
十	半生の記	文	藤沢自身のエッセイ集。故郷での講演の折、教え子たちとの交流は涙なしで読めない。

文＝文春文庫、新＝新潮文庫

『どくヤン！』作画担当のカミムラ晋作です。このたびはこのような機会をいただき嬉しいです。今回登場させた読書ヤンキー・地代康尚とその母親は『どくヤン！』という漫画のキャラクターなのですが、実はこの母親のモデルは、私の本当の母なのです。

彼女は作中と同じく藤沢周平の大ファンで、好きが高じて定年退職後に通信制大学の文芸コースに入り直して藤沢周平をテーマにした卒論を書くといったような入れ込みようです。日常会話の中に藤沢周平作品のネタをするっと混入させてくるのも私が体験した実話で、それを目の当たりにした時に母を作品に登場させようと決めました。

そして今回、このページにある地代の母親が選んだ藤沢周平文庫ベスト10も、私の母に話を振ってみたらノリノリで選んでくれたものです。少々偏った選出になっているのはそのためで、彼女の個人的な思い入れや思想が反映されています。素人選出ですので詳しい方にはご不満もあるかと思いますが、ご容赦を…。

私自身も母の影響を受けて藤沢周平作品はそれなりに読んでおり、『獄医立花登手控え』シリーズなどは特に好きですね。あと作中に登場させた藤沢周平記念館も一度は行ってみたいと思ってまして、この本が発売されるまでには来訪しているかもしれません。そんな諸事情を解った上で読んでいただくと、この漫画もより良い味が出る…かもしれませんね。

Arts

学術系文庫の一年
——理系学術文庫新創刊！

山本貴光

CD・小川恵子（瀬戸内デザイン）

Sciences

1　ようこそ学術のワンダーランドへ

学術は、この世の一大ワンダーランドの一つである。と、二〇一九年版に書いてから四度目となった。

ここで「学術系文庫」とは、広く学問や技芸術に関する文庫を指している。対象は二〇二〇年一一月から二〇二一年一〇月までに刊行された四五一冊。ちなみに二〇一九年は四〇三冊、二〇二〇年は四六七冊だった。

具体的には次に挙げる各文庫レーベルを中心とする。文庫名の後ろにカッコで添えた数字は刊行冊数である。

岩波文庫（四三）、岩波現代文庫（三二）、角川ソフィア文庫（四六）、講談社学術文庫（五三）、講談社文芸文庫（一二）、光文社古典新訳文庫（一八）、草思社文庫（二二）、ちくま学芸文庫（六二）、DOJIN文庫（五）、ハヤカワ文庫NF（一六）、文春學藝ライブラリー（六）、法蔵館文庫（一三）、平凡社東洋文庫（一）、平凡社ライブラリー（一四）。

その他、レーベルの一部を学術系文庫と分類したものとして、河出文庫（三七）、新潮文庫（一二）、中公文庫（五一）、文春文庫（八）がある。カッコ内の数字は刊行された本のうち、ここで学術系文庫とした冊数である。

大きな傾向を少し見ておこう。全体のうち翻訳書は一四三冊で三二％を占める。著者のうち女性が含まれるのは四二冊（九％）とかなり低い。文系／理系と分けた場合、理系に分類される本は四三冊（一〇％）とこれも少ない。小説や詩や評論を含む文芸は一一一点（二五％）。全体としては歴史に関する本が多い印象である。

などということを述べるのは、いったいどのような範囲からここで紹介する本を選んでいるのかをお伝えしたかったからだった。本来であれば全リストをご提示すべきところだが、これは紙幅の都合もあり省略する。

2 京都発の理系学術系文庫

まずは新しい学術系文庫をご紹介しよう。京都の化学同人が二〇二一年七月に「DOJIN文庫」を創刊した。そう、学術系文庫全体としては、まだまだ少ない理系のレーベルなのだ。

創刊の書目は、佐々木閑『仏教は宇宙をどう見たか』、石川伸一『料理と科学のおいしい出会い』、笹原和俊『フェイクニュースを科学する』の三冊。同社のDOJIN選書からの文庫化だ。この三冊は書名からもお分かりのように、いずれも科学とそれ以外の対象を掛け合わせたテーマ設定で、専門家ならぬ私たちに科学や工学や数学の面白さを教えてくれる入口にもなる本。

本欄担当者としては刊行順に全巻読んで応援するとともに、DOJIN文庫のオリジナル企画や、入手困難になっている古典や専門書などの文庫化も期待したい。ここで古典とは、例えば岩波文庫に入ったマックス・プランク『熱輻射論講義』（西尾成子訳〈原書は一九〇六年〉）のような本を念頭に置いている。

京都発の新創刊学術系文庫といえば、昨年ご紹介した法藏館文庫も仏教書を専門とする京都の老舗、法藏館が二〇一九年一一月に創刊したものだった。二〇二一年は一三冊を刊行し、二〇二一年一〇月の時点で累計二七冊のラインナップとなっている。

そこから一冊を選ぶのは至難だけれど、例えばフィリップ・C・アーモンド『英国の仏教発見』（奥山倫明訳〈原書は一九八八年刊行〉）はどうだろう。一九世紀前半に西洋が仏教を本格的に「発見」して、どのように受容され、どのような影響を及ぼしたかをヴィクトリア朝のイギリスについて追跡した本だ。これは私見だが、ある地域に生じた思想が、国や言語や時代を超えて別の地域や人びとに伝わる現象を論じた本は例外なく面白い。仏教に関心がある人にはもちろんのこと、イギリス文化に関心がある人にも楽しめる一冊である。

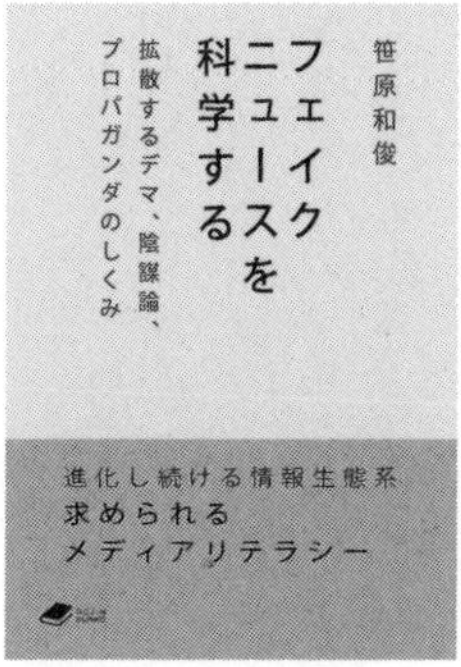

装丁・BAUMDORF・木村由久

3 古典への門

角川ソフィア文庫は、「ビギナーズ・クラシックス」シリーズが創刊二〇周年を迎えたとのこと。これまでおよそ九〇冊を刊行している。古典の原文と現代語訳に解説を加えた構成で、かゆいところに手が届く便利なシリーズだ。最近では『古事談』『保元物語・平治物語』『権記』『日蓮の手紙』などが刊行されている。

角川ソフィア文庫は四六冊で、日本の歴史や文化をテーマにした書目が多かった。ここでは文庫オリジナル編集のロバート・キャンベル編著『日本古典と感染症』に注目したい。新型コロナウイルスのパンデミックを受けて企画された一冊で、『万葉集』から近代までの日本の文芸を中心とする古典を題材に、一五名の研究者たちが論じた本。読めば日本の歴史のそこかしこに疫病や感染症の痕跡が残されていることが目に入るとともに、そこで取り上げられている古典を自分でも読んでみたくなること請け合いである。

4 女が学者になるとき

冒頭で著者に女性が少ないと述べた。これは日本における研究者の男女比と無関係ではないだろう。総務省の『科学技術研究調査報告』によれば、全研究者に占める女性の割合は一九八一年で約六%、二〇一九年で約一七%という具合に少しずつ増えているとはいえ、男女差は依然として大きい。

倉沢愛子『増補 女が学者になるとき——インドネシア研究奮闘記』（岩波現代文庫〈元本は一九九八年〉）は、インドネシア現代史を専門とする著者が、一九六〇年代後半、政治の季節だった学生時代から研究者として、母親として、女性として経験した数々の困難を書き記した半生記である。いつか「そんな時代があったのか」と人びとが驚きをもって振り返る日が来るように、たとえ小さくとも変化を積み重ねていかねばと思う。

ここにジェニファー・ダウドナ&サミュエル・スターンバーグ『クリスパー CRISPR——究極の遺伝子編集技術の発見』（櫻井祐子訳、文春文庫〈原書は二〇一七年〉）を並べておこう。エマニュエル・シャルパンティエらとともに遺伝子編集技術CRIS《クリス》PR《パー》を開発し、二〇二〇年にノーベル化学賞を受賞したジェニファー・ダウドナによる本である。この技術の可能性と検討課題を、専門家ではない読者向けに解説した好著。解説を寄せている科学ジャーナリスト須田桃子の『合成生物学の衝撃』（文春文庫〈元本は二〇一八年〉）はCRISPRを含む合成生物学の現在を広く案内してくれる。

5 奇跡の奇書

あまり大袈裟な言葉は使いたくないほうなのだけれど、ときどき「はわわ、こんなものまで文庫に！」と思わず声が出ることもある。アレクサンドラ・ダヴィッド＝ネール&アプル・ユンテン『ケサル王物語——チベットの英雄叙事詩』（富樫瓔子訳、岩波文庫〈原書は一九三一年〉）は次に述べるもう一冊と双璧を成す奇書だ。チベットの英雄叙事詩をフランス出身の探検家とチベットの見習い僧が、詩人の朗誦から採録したもので、手にする機会があったらまずは冒頭と巻末の今枝由郎と富樫瓔子による懇切な解説をお読みいただきたい。神話や英雄物語が好きな人なら手元に置いて損はない奇想天外の仏教ファンタジーである。

ジョージ・サルマナザール『フォルモサ——台湾と日本の地理歴史』（原田範行訳、平凡社ライブラリー〈原書は一七〇四年〉）はまさに奇書と呼ぶにふさわしい一冊。副題を見ると現実の地理や歴史を論じた本かと思われるかもしれない。そのフォルモサの地理やら歴史やら人びとの風習やら生活やらをいかにももっともらしく綴っているのだが、著者は正体不明で、どうも台湾を指すと思しきフォルモサは日本帝国の属国らしく、いろいろ史実とは辻褄が合わない。偽書である。だがそれが刊行当時のヨーロッパでは一世を風靡してしまったらしい。物語ならぬ物騙りというわけだ。これは平凡社ライブラリーのオリジナル企画。

6 思想の流れ／人間の本性

ジェニファー・ラトナー＝ローゼンハーゲン『アメリカを作った思想——五〇〇年の歴史』（入江哲朗訳、ちくま学芸文庫〈原書は二〇一九年〉）を手にして、「はて、アメリ

CD・北岡誠吾

カの思想史って五〇〇年もあるかしら」と首をかしげたものの、読み始めてほどなく疑問は氷解した。

　ヨーロッパ人がアメリカ先住民とはじめて接触した一五世紀末から数えるなら、たしかに五〇〇年はある道理。それにアメリカに移住したヨーロッパ諸国の人びとが祖国から携えていった文物思想もまたアメリカという場所に流れ込んだわけだ。それを約三〇〇頁という紙幅に圧縮して組み立てる手腕も読みどころである。

　哲学や思想の方面もまた、大森荘蔵『新視覚新論』（講談社学術文庫）や全八冊が完結したハイデガー『存在と時間』（中山元訳、光文社古典新訳文庫）、ベンヤミン『パサージュ論』（今村仁司、三島憲一他訳、岩波文庫、全五巻）をはじめ、古典や準古典作品も豊作なのだが、管《かん》賀《が》江《え》留《る》郎《ろう》『冤罪と人類――道徳感情はなぜ人を誤らせるのか』（ハヤカワ文庫NF〔元本は二〇一六年〕）に触れておきたい。

　同書は戦前から戦後にかけての日本で起きた「浜松事件」と「二俣事件」という二つの冤罪事件を材料に、関係資料の博捜からその根底にある原因を浮かび上がらせる無類のドキュメントだ。道徳感情という人間の本性が暴走するとき、それが刑事という立場の人間に生じたとき、状況や制度がそれを許すとき、誤った判断が人の人生を狂わせる。多様な領域の学術の知見も総動員しての考察と推論は、あくまでも具体的でありながら、人間と社会を洞察する視点を読者にもたらす。なにより上質のミステリのように面白い。問題があるとすれば、ここに描き出された出来事がフィクションではないということだろうか。

7
学問もビジネスも言葉が大事

　講談社学術文庫も全体として見ると歴史に関わる本が多い。前回触れた「中国の歴史」は無事全一二巻が完結したところ。

　片桐一男『阿蘭陀通詞』（講談社学術文庫〔元本は二〇一六年〕）は、江戸時代に活躍したオランダ語の通訳官の実態を論じる。実務の必要に迫られての語学（いまならビジネス語学か）を先人たちはどのように習得・活用したのかを窺い知ることができて興味が尽きない。翻訳や通訳に関する本も面白いものが多い。

　語学といえば、その手前で母語によく通じている必要がある。遠藤嘉基&渡辺実『着眼と考え方 現代文解釈の基礎 新訂版』（ちくま学芸文庫〔元本は一九六三年〕）は、読書猿『独学大全』（ダイヤモンド社）で大きく紹介された名著の一つ。これをきっかけに入手困難となっていた同書が、読書猿の解説つきでちくま学芸文庫で復刊され、改めておおいに読まれている。文庫という器の見事な活かし方の好例でもある。その読書猿さんの言葉ではないけれど、国語なんて学ぶ必要があるのかと思ったあなたにこそ見てみて欲しい一冊だ。

　以上、ありすぎる見所からハイライトをご紹介しました。

国内ミステリー

〝伏線の狙撃手〟浅倉秋成が放つ切なる物語を見届ける！

◉宇田川拓也

本稿執筆に先立って売り場の文庫コーナーを見渡すと、国内ミステリでは、新川帆立『元彼の遺言状』（宝島社文庫）、東野圭吾『沈黙のパレード』（文春文庫）、誉田哲也『歌舞伎町ゲノム』（中公文庫）の売れ行きが絶好調。平積みの山がこれくらい勢いよく減ってくれると売っている方も気持ちがいい。

さて、そうしたなかでこの一年の十傑を選ぼうと思うが、第一位は即決、月村了衛『機龍警察　暗黒市場』上下（ハヤカワ文庫JA）で決まり！　と思ったものの、巻末解説を筆者が担当しており、ここでまた紙幅を割いて推し倒すのも、さすがに贔屓が過ぎるかと自制。往年の冒険小説にも比肩するほどの類まれなる〝不屈〟を描いた警察小説であり、二〇一〇年代に書かれた小説のなかでも最高にエモーショナルな熱きクライマックスが待っている、とだけ記すに留めるとしよう。

とはいえ、まだまだ自信をもってオススメしたい作品はいくつもある。というわけで改めて第一位に選んだのは、浅倉秋成**『教室が、ひとりになるまで』**。

高校二年生の垣内友弘が通う学校では、校内で自ら命を絶つ生徒がこの一か月で三人続く異常事態に陥っていた。しかも遺書の文面はすべて「私は教室で大きな声を出しすぎました。調律される必要があります。さようなら」と共通しており、不可解を極めていた。

ある日、垣内は同じマンションで部屋が隣同士のクラスメイト白瀬美月から、信じ難い話を聞かされる。三人の死は自殺ではなく〝死神〟の姿をした何者かによる殺人であり、自身もまた命を狙われているというのだ。すると、垣内のもとに謎の手紙が届く。そこには、この学校にはそれぞれ異なる特殊な能力を引き継いだ四人の生徒《受取人》が常に存在していること、そして垣内が『嘘を見破る能力』の継承者に選ばれたことが記されていた。美月がいっていた〝死神〟とは、あと三人いるはずの《受取人》のうちのひとりなのか？

近年増えている超自然的な設定やルールを盛り込んだ「特殊設定ミステリ」に属する作品だ。異能の者たちが登場するが、その能力は自由自在に使えるわけではない。

CD・須田杏菜

範囲、発動条件、ひとりに使える回数、他人に見抜かれると力を失効してしまうといった縛りがあり、そのなかで垣内以外の《受取人》の洗い出しと〝死神〟の特定、さらに〝死神〟がその特殊能力でどのように被害者たちを死に至らしめたのかを探る過程は、緊張感が漲り、目が離せなくなる。

こうした頭脳戦の面白さもさることながら、あわせてご注目いただきたいのが伏線の妙だ。著者は〝伏線の狙撃手〟という異名を取るほど、とくにこの手際に長けており、単に張り巡らせたものを回収するだけでなく、物語への活かし方が抜群に上手い。真に優れたミステリとは、仕掛けや騙りの技倆に加え、謎が解き明かされた先に大きく心を揺さぶる景色を見せてくれるものだ。本作がその条件を十二分に満たしているのは、この巧みな伏線の効果によるところが大きい。

謎解きと重大な決断を経て迎える終章で垣内は、ある登場人物に胸のうちを明かす。その苦悩は万人に理解されるものではないかもしれないが、共感する向きもきっと少なくないだろう。本作は第一級の本格ミステリであるとともに、この煩わしい世界を器用に生きられないすべてのひとに向けて紡がれた切なる物語なのだ。万感のラストシーンを、ぜひ見届けていただきたい。

よくぞ復刊してくださいました！　と小躍りしてしまったのが、第二位の西澤保彦『**神のロジック　次は誰の番ですか？**』。かつて『神のロジック　人間《ひと》のマジック』のタイトルで刊行されたが、気付けば入手困難になり、中古価格が最高一万五千円（！）にまで高騰。こうしてふたたび手に取りやすくなったことを心から寿ぎたい。

物語の舞台は、どうやらアメリカのいずこかにあるらしき全寮制の〈学校《ファシリティ》〉。主人

国内ミステリーベストテン

1. **教室が、ひとりになるまで**
浅倉秋成／角川文庫
2. **神のロジック　次は誰の番ですか？**
西澤保彦／コスミック文庫
3. **星詠師の記憶**
阿津川辰海／光文社文庫
4. **リバーサイド・チルドレン**
梓崎優／創元推理文庫
5. **罪人に手向ける花**
大門剛明／ハルキ文庫
6. **甘美なる誘拐**
平居紀一／宝島社文庫
7. **偽りの春　神倉駅前交番狩野雷太の推理**
降田天／角川文庫
8. **蟻の棲み家**
望月諒子／新潮文庫
9. **予言の島**
澤村伊智／角川ホラー文庫
10. **麻倉玲一は信頼できない語り手**
太田忠司／徳間文庫

公マモルを含む六人の生徒たちは、〝校長《プリン》先生《シパル》〟や〝寮長《RA》〟の指導のもと、通常の授業だけでなく実習として推理ゲームなどのちょっと変わった課題に取り組んでいた。この〈学校〉には新入生がやって来ると〝邪悪なモノ〟が目を覚ますという不吉なウワサがあり、その後、ウワサが本当だったことを裏付けるような忌まわしい事件が起きてしまう。

巻末解説で大矢博子氏も述べているが、本作は二〇〇三年の作品ながら、まるで二〇二〇年代に読まれることを見越したようなテーマを内包しており、その先見の明には終盤で突きつけられる真相の衝撃度にも負けない驚きを覚えてしまう（ある登場人物のセリフなど、まさに現在の日本を表しているとしか思えない！）。著者の作品群のなかでも上位に挙げられる傑作であり、いまこそ正当に評価されるべき必読の作品といえよう。

おそらく本誌発売の頃には、『蒼海館の殺人』（講談社タイガ）が各種年末ランキングに挙がっているであろう、これからの本格ミステリを担う若き俊英――阿津川辰海。第三位は著者デビュー二作目の長編**『星詠師の記憶』**をチョイス。

謹慎をいい渡され、故郷の村へ向かった刑事の獅堂は、話の流れからある少年の頼みごとを引き受けることに。紫水晶を抱いて眠れば未来の映像がそこに記録される《星詠師》と呼ばれる能力者たち。そのなかでも、とくに強い力を持つ人物が頭を撃ち抜かれて死んでおり、現場にあった水晶には彼の息子である真維那《まいな》の姿が記録されていた。しかし少年は真維那の無実を信じており、獅堂は真相を求めて動き出す。

阿津川作品の特徴といえば、本格ファンの心をくすぐるケレン味と、練り上げられた謎と推理の圧倒的な密度だ。目の前で手つきも鮮やかに繰り広げられる複雑な謎解きは圧巻のひと言に尽きる。

おっと、偶然にもここまで特殊設定ミステリが続いてしまったので、違うタイプの作品もオススメせねば。

第四位は、カンボジアを舞台に巨大なごみ捨て場で日々ごみを拾って暮らす貧しい子供たちを描いた、梓崎優**『リバーサイド・チルドレン』**。

ごみ拾いの子供たちと寝起きをともにしている日本人のミサキは、仲間のひとりヴェニイのやさしさと強さに支えられながら過酷な毎日をどうにか過ごしていた。ところがある朝、ヴェニイは死体となって川に浮かんでいた。彼を殺したのはミサキたちが「黒」と呼んでいる警官であり、そしてさらなる事件が……。

この悲痛極まりない犯人の動機は、何度読み返しても胸に応える。だからこそ、最後にミサキが「それでも」と続ける言葉が厳しい現実に抗う光となって際立ち、読む者の心をすすいでくれる。ミステリの好き嫌いに関わらず、広く長く読み継がれて欲しい作品だ。

第五位の大門剛明**『罪人《つみびと》に手向ける花』**は、ふわふわと波打つ長い髪とゆったりし

CD・岩郷重力＋k.k

たワンピース姿が特徴的な癒し系女性検事——黒木二千花《にちか》が主役を務める、シリーズ化熱望の長編作品。今回二千花が担当する殺人事件の被疑者は、なんと元検事だった彼女の父が二十年以上前に起訴を見送り無罪となった男だった……。

著者自身が「これまで検事を何人も描いてきましたが、この検事が最強です」（帯の惹句より）と豪語する魅力的なヒロイン、〝罪人〟の正体に思わず声を上げてしまった強烈な驚き、正義を問う読み応えの三拍子が揃った充実の内容は、現時点で「令和最高のリーガル・ミステリ」といっても過言ではない。

〝令和最高〟といえば、第六位の平居紀一**『甘美なる誘拐』**は、帯に輝く大森望氏の「令和最高の誘拐ミステリー」という大絶賛も頷ける、第十九回『このミステリーがすごい！』大賞文庫グランプリ受賞作。

CD・菊池 祐

見習いヤクザ二人組の受難、地上げ屋に追い込まれ廃業寸前の父と娘、違法な手段で稼ぐ宗教団体といったバラバラな要素が収斂し、この手があったか！　と感心すること請け合いのコンゲーム×誘拐ミステリとして鮮やかな着地を決める。お見事！

第七位の降田天**『偽りの春　神倉駅前交番　狩野雷太の推理』**は、全五話の連作交番ミステリ。タイトルロールになっている警官の思わぬ登場により、見えなかった真相が浮かび上がる巧みな話運びが素晴らしい。その取り調べからは誰も逃げられないことから「落としの狩野」といわれた県警きっての敏腕刑事が、なぜ交番勤務に左遷されたのか——からも目が離せない。

八位から十位は、いずれもインパクト抜群のどんでん返しが印象的な作品を三連発。

望月諒子**『蟻の棲み家』**は、格差が広がる社会の底辺にスポットを当てた長編作品。毒親の存在に耐えて生きてきた不幸な男と裕福な医者のドラ息子の出会い、若い女性の連続射殺事件、弁当工場の電話に掛かってくる間の抜けた脅迫、接点の見えないこれらが結びついた先で訪れる衝撃には、誰もが打ちのめされるはずだ。

澤村伊智**『予言の島』**は、瀬戸内海に浮かぶいわくつきの島を舞台にした澤村版『獄門島』と思って読み進めていくと、予想外の方向から想像すればするほど気持ち悪くて怖いサプライズが襲い掛かってくる。活字でしかできない大胆な試みに仰天必至。

太田忠司**『麻倉玲一は信頼できない語り手』**は、死刑が廃止されてから二十年以上経った日本という設定の作品。ライターの熊沢克也は、最後の死刑囚である麻倉玲一を取材するため、彼が収監されている離島の刑務所へ向かう。そこで麻倉によって語られる、彼が死刑判決に至るまでの複数の事件について。そして起こる重大な出来事。

終盤で物語が大きく変容し、じつは○○ミステリだったのか！　と理解した瞬間、すっかり騙された喜びに手を叩いてしまった。加えて最後の最後に、深い余韻を残す一手が用意され、まさにベテラン作家の面目躍如。タイトルは〝信頼できない〟だけれど、その面白さは信頼を裏切らない。

海外ミステリー

強烈なキャラ揃いの『ブラックサマーの殺人』に感服！

◉関口苑生

ここ数年、翻訳文体のことでちょっと気になっている現象がある。原文がどうなっているのかはわからないのだが、何と言うか、現在形で訳される作品が目立って増えてきたような気がするのだ。たとえば「私は～と言う」だとか「彼は～をする」といった具合の文章だ。物語は現在起きていることを進行形で描いているのだから不思議はないだろう、と言われりゃまったくその通りなのだが、長い間「～と言った」「～をした」で馴らされてきた身としては、つい引っ掛かってしまうのだった。

それから、こちらはもう何年も前からだが、語順通りに訳す作品も増えてきたように思う。具体的には「わたしは持つ、ペンを」という訳文ですね。これがもっと長い構文、文章になると、やっぱりちょっと気になるんですわ。訳業にもトレンドがあるのか、それとも翻訳界全体がそういう風潮になっているのか……うーむ。

あ、でもこれはあくまでわたしの個人的な意見・感想なので、もしかしてとんでもなく的外れなことを言っているのかもしれない。もしそうだったらごめんなさい。

さて二〇二一年度のベスト10だが、版元各社ごとに一作ずつ選んでいったら、こんな結果になってしまった。

M・W・クレイヴン**『ブラックサマーの殺人』**は、六年前、天才シェフの父親に殺されたと思われていた娘が、変わり果てた姿で突如現れたことから始まる謎と驚きに満ちた警察小説。当時の捜査陣は、娘の死体が見つかっていない状態のまま父親の犯行と断定。父親は起訴されて、今も服役中だった。その娘が今になって現れたのだ。

見知らぬ男に拉致され、監禁されていたと語ったその女は、DNA鑑定で間違いなく娘本人だと裏付けられる。すると父親は冤罪だったのか。事件を担当した刑事は、今も絶対の自信を持って父親の仕業だと確信していた。だが、あらゆる証拠がそれを否定する。加えて警察内部からも当時の捜査に疑問が呈され、刑事は絶体絶命の窮地に追い込まれていくのだった。

この冒頭からいきなり提示される謎も魅力的だが、何より素晴らしいのは物語を彩る個性的な登場人物たちだ。主人公以下、強烈なキャラが揃った捜査側も、周囲の人

CD・柳 智之

海外ミステリーベストテン

1. **ブラックサマーの殺人**
M・W・クレイヴン、東野さやか訳／ハヤカワ・ミステリ文庫
2. **獣たちの葬列**
スチュアート・マクブライド、鍋島啓祐訳／ハーパー BOOKS
3. **スリープウォーカー** マンチェスター市警 エイダン・ウェイツ
ジョセフ・ノックス、池田真紀子訳／新潮文庫
4. **狩られる者たち**
アルネ・ダール、田口俊樹、矢島真理訳／小学館文庫
5. **オクトーバー・リスト**
ジェフリー・ディーヴァー、土屋晃訳／文春文庫
6. **彼と彼女の衝撃の瞬間**
アリス・フィーニー、越智睦訳／創元推理文庫
7. **宿敵** 上下
リー・チャイルド、青木創訳／講談社文庫
8. **血の葬送曲**
ベン・クリード、村山美雪訳／角川文庫
9. **夜と少女**
ギヨーム・ミュッソ、吉田恒雄訳／集英社文庫
10. **狼たちの城**
アレックス・ベール、小津薫訳／扶桑社ミステリー

間を魅了する三つ星シェフにして真正サイコパスの父親も、双方が抜群の存在感を示して飽きさせない。それを倍加させるのが絶妙、巧みな語り口だ。いやあ本当に感心しました。

スチュアート・マクブライド**『獣たちの葬列』**も、過去の亡霊が主人公を捕まえて放さない。腹部を切り裂かれ、人形が埋め込まれた女性の死体が発見されたのが発端だ。八年前、同じ手口で七人の女性を襲った猟奇殺人鬼が復活したのか。スコットランド警察は、三つのチームにわけて捜査を開始する。かつて事件を担当し、今は殺人の濡れ衣を着せられ無実の罪で服役中の刑事も、仮釈放を条件に捜査に参加する。彼はこの犯人を目前で取り逃がした過去があったのだ。だが彼にはもうひとつ、刑務所を出たら自分をこんな目に遭わせた相手に復讐するという〝仕事〟が待っていた。

とにかく次から次と思いもかけぬ事態の連続で、全編が圧倒的な緊迫感に満ち溢れており、さらには寸分の緩みもない展開で読者を魅了する。これぞ極上のサイコ&クライム・サスペンス。

ジョセフ・ノックス**『スリープウォーカー　マンチェスター市警　エイダン・ウェイツ』**は、シリーズ三作目にして一応の完結編。これまた過去の事件が現在を浸食してくる物語だ。十二年前にある一家を惨殺した犯人が末期癌と宣告され、余命いくばくもないまま病院に収容された。ところが、その病室に火炎壜が投げ込まれ男は死亡。警護にあたっていた刑事も重傷を負う。

このシリーズの特徴は、主人公が底無しの泥沼にはまった堕落刑事で、上層部の捨て駒として危険な潜入捜査や汚れ仕事、永遠の夜間勤務を担当させられ、おまけに麻薬組織のボスから尋常ではない恨みを買っ

ている、救いようのない人物だということだ。その彼が、襲撃された男から最後に聞いた言葉「俺じゃない」とはどういう意味なのか。また黙っていても近々死を迎える男が、なぜ今わざわざ襲われたのか。過去と現在が複雑に絡み合った謎が、刑事の身に容赦なく降りかかってくる。

帯にある〝ノワールの謎解きが本格ミステリーを超えた〟の惹句に嘘はない。

デザイン・新潮社装幀室

と以上ベスト3は、いずれも英国産ミステリでした。

アルネ・ダール『**狩られる者たち**』は、前作『時計仕掛けの歪んだ罠』の後日譚。本作を紹介するには、前作の内容をある程度語っておかなければならないのだが、困ったことに同書は、何をどう書いてもネタばらしは免れないという厄介な代物なのだった。それは本作においても同様で、主人公らはある組織から追われ「狩られ」ながらも、とある事件の捜査を独自に行うのだった。これはもう、スウェーデン警察ミステリの極北と言ってよいかもしれない。

ジェフリー・ディーヴァー『**オクトーバー・リスト**』は、全三十六章ある物語の最終章から始まり、ほぼ二日間の出来事を第一章まで遡っていく超絶技巧作品。

六歳の娘を誘拐され、身代金と極秘リストの引き渡しを要求されたヒロイン。彼女は今、隠れ家に身を潜め、犯人との交渉と救出に出かけた仲間の帰りを待っていた。やがて玄関ドアの開く音がする。しかし、そこに立っていたのは、銃を手にした誘拐犯その人だった。これが冒頭の出だしなのだ。読者は一体何が起こっているのか訳がわからぬまま、いきなり物語の渦中に引きずり込まれてしまうのだった。時系列が逆行していく物語というのは、こんなにも頭がぐらぐらしてくるものなのか。だが、最後まで読み進んでいくと、まさに驚愕そのもの。貴方は「絶対」に騙されていたことに気づくだろう。この欺きのテクニックがディーヴァーの真骨頂なのである。

アリス・フィーニー『**彼と彼女の衝撃の瞬間**』も技巧が凝らされた作品だ。ロンドン郊外の小さな町で、女性の死体が発見された。BBCの女性記者がすぐに取材に向かうが、そこに立ちはだかるのが地元警察の警部。物語は基本的にこのふたりの視点で語られていく。だが、読み始めてすぐに違和感を感じる。何かが微妙に食い違っているのだ。その違和感の正体は、ふたりの背景、これまでの人生模様が少しずつ明らかになるにつれ次第に見えてくるのだが、これがまた作者が仕掛けた巧妙な罠なのだった。卓越した筆力による、語りと記述の迷路。読者は二転三転する物語にただただ酔い痴れるだけだ。

リー・チャイルド『**宿敵**』は、未邦訳だったシリーズ初期の傑作。チャイルドは、かつてのディック・フランシスのように、ほぼ年に一作のペースで新作を発表する作家だ。日本においても同様に、年に一作刊行されてそれがファンにとってはお楽しみとなっている（ま、刊行の順番はともかくとしてだが）。

主人公は元憲兵隊の指揮官で、今は全米中を放浪している。わたしはひそかにアメリカの木枯らし紋次郎と呼んでいるが、面倒事には関わりたくないのに、いつの間にか関わり合いを持つ羽目になり、渦中に飛び込んで事態を収拾させていくのがパターン。それが今回は、十年前に始末したはずの悪党――元軍の情報将校で、重大機密を売り渡していた男が生きているのを目撃したことで、事態が動いていく。肌が粟立つようなサスペンスとアクションの連続だ。

ベン・クリード『**血の葬送曲**』は、異例の大雪と何もかもが凍りつく寒さに襲われた一九五一年十月、スターリンの恐怖政治下にあるレニングラードが舞台の歴史警察ミステリだ。二本の線路が並行して走る荒野のただなかで、五人の惨殺死体が発見された。犠牲者の身許を隠蔽するためか、顔の皮膚は剝ぎ取られ、歯も抜かれ、臓器まで抉られ、さらには奇妙な衣装を着せられて、死骸は線路の上に整然と並べられていた。理不尽な暴力が渦巻き、誰ひとり信じられない密告社会の中で捜査にあたる民警の警部補はしかし、やがて五人の共通点に気づくが、それは彼にとっておよそ信じがたく、心の底から震撼させるものでもあった。猟奇的な殺人事件を扱いながら、世の中にはそれ以上の恐怖＝現実があることを知らしめる異色作だ。

ギヨーム・ミュッソ『**夜と少女**』は、スピーディーな展開と無類のサスペンスで、ラストまでまったく予測のつかない仏ミステリ。二十五年前、ひとりの少女が高校教師とともに街から忽然と姿を消した。周囲は駆け落ちしたと見なしたが、真相を知る同級生がふたりいた。それが二十五年後、高校の創立五十周年を記念して大規模な改修工事が計画され、体育館の解体工事が始まったまさに今この瞬間、ついに明かされようとしていた。その壁には遺体が閉じ込められているのだ。そのことを知るのはふたりだけ。しかし、もはや工事を止めることはできない。さて、一体どうする……。

こんな状況下で始まる緊迫のミステリだが、物語はここから異様な展開を見せていく。今になって、誰も彼もが嘘をつきまくっていたことが判明するのだ。こんなにも予測不能で錯綜する話も珍しい。

アレックス・ベール『**狼たちの城**』は、第二次大戦末期、ナチス・ゲシュタポの高官が住居にしている古城で、愛人の女優が無惨な死体で発見されるという事件で始まる。そのとき、城内は彼女のほかには誰ひとり人がおらず、しかも密室状態になっていた。いかにも本格ミステリ風な出だしだが、この事件を捜査することになるのが、

CD・宗利淳一

身分を偽ったユダヤ人の元古書店主。とある偶然からこんな事態になったのだが、ここからいつ正体に気づかれるかの恐怖と緊張感をはらみながら、事件の謎解きが進んでいく。またそれ以上に熱く語られていくのが、ゲシュタポの残虐さと、対抗するレジスタンスの状況、そして裏切り者のスパイの存在だ。犯人探しの謎に加え、冒険小説、スパイ小説の要素もある異色の力作。

雑学

圧倒的に自由さがクセになる「日本全国津々うりゃうりゃ」の旅に出よう!

◎内田 剛

東京オリンピックも本当に今年だったのかと思ってしまうほど、長引く非日常の生活で幻が現実を凌駕しているかのよう。そんな2021年を振り返りながら、編集部から届いたこの1年の文庫リストを眺めてみる。その数なんと5684点! 膨大に思われるが随分と減った印象だ。手元の資料によると2017年には8136点あったからこの4年間でざっくり3割減少した計算。とりわけ最近はコロナ禍で取材や編集がストップして生産量もグッと落ちている。でもこれはピンチではなくてチャンス。本の表紙が見える展開や仕掛け販売もしやすくなって店頭でも探しやすくなったのではないだろうか。タイトルやジャケットなどで個性を出しやすい雑学文庫の時代がやって来たといっても過言ではない。本とのビッタビタの出合いは衝動買いが楽しいのだ。

そんなわけでショータイムの始まり。トップバッターである第10位は吉田戦車**『ごめん買っちゃった　マンガ家の物欲』**。本棚を見れば頭の中までさらけ出されるように、買い物カゴを見ればその人の価値観が分かってしまう。乞う買いならぬ後悔先に立たず。誰にでもある衝動買いの記憶。失敗の数だけ人は成長できるのだ。コロナの時代でも『伝染《うつ》るんです。』は面白い。愛嬌あふれた62品目の買い物記録から人気漫画家の素顔が手にとるようにわかる。(個人的なツボは辛くないカレー粉。)サンキュータツオ氏の解説もお見逃しなく。

続いての順位発表のその前に今年のトピックスの話を入れよう。雑学文庫といえばみうらじゅん。2021年本屋大賞の「発掘部門/超発掘本!」で『「ない仕事」の作り方』(文春文庫)が選出され受賞時の爆笑コメントなども記憶に新しい。今年の活躍ぶりも崖っぷちとは無縁なほど目ざましく『世界全体会議』(集英社文庫)、『どうやらオレたち、いずれ死ぬっつーじゃないですか』(新潮文庫)、『清張地獄八景』(文春文庫)と文庫売場を賑わせ続けている。このままMVPにしてもいいような勢いを感じさせるが前述の3作品中、先の2冊が宮藤官九郎、リリー・フランキーとの大物すぎる共著、後の1冊が編著であることからランキング外とした。

CD・榊原直樹

雑学ベストテン

1. **日本全国津々うりゃうりゃ　仕事逃亡編**
宮田珠己／幻冬舎文庫
2. **辺境メシ　ヤバそうだから食べてみた**
高野秀行／文春文庫
3. **日本建築集中講義**
藤森照信、山口晃／中公文庫
4. **オレたちのプロ野球ニュース　野球報道に革命を起こした者たち**
長谷川晶一／新潮文庫
5. **名画たちのホンネ　あの美術品が「秘密」を語りだしたら……**
とに～／王様文庫
6. **「日本の伝統」の正体**
藤井青銅／新潮文庫
7. **ざんねんな名言集**
真山知幸／彩図社文庫
8. **ざんねんな食べ物事典**
東海林さだお／文春文庫
9. **不要不急の男**
土屋賢二／文春文庫
10. **ごめん買っちゃった　マンガ家の物欲**
吉田戦車／光文社知恵の森文庫

しかし『清張地獄八景』の充実ぶりは凄まじい。松本清張になりきった冒頭グラビア写真だけでも笑えるが、沼にハマったともいえる偏愛ぶりがとにかく刺激的。作風を似せて作った小説「痕跡」にニヤリとさせられ文庫特典インタビューにも膝を打つ。ブックガイドとしても使えて清張フリークからビギナーまで楽しめる圧巻の約5００ページだ。まさに清張とともに成長した1人の人間の記録として意義がある。

順位発表に戻って第9位は『**不要不急の男**』。言わずと知れた土屋賢二先生による「週刊文春」連載コラム「ツチヤの口車」をまとめた一冊である。コロナ禍での先の見えない日常を独特のユーモアあふれた視線で綴っている。シリーズ既刊『無理難題が多すぎる』が２０２０年の「発掘部門／超発掘本！」に選ばれた時の顛末なども読みどころだ。ワイドショーで紹介予定も新型コロナのニュースでたち消えになるという不運もあったものの読者層を広げたことは間違いない。「毒にも薬にも、ならない」という選考理由はまさに雑学文庫の魅力そのもの。偽らざる時代の記録としてもこの世に残して欲しい一冊である。

土屋先生と同じくレジェンドである東海林さだおを続いて8位にあげよう。リモートの毎日。黙食、マスク会食の時代だからこそサラリーマンのバイブル的な読まれ方が強まっているようだ。『大衆食堂に行こう』（だいわ文庫）、『B級グルメで世界一周』（ちくま文庫）は総集編であるからシリーズものの新作『**ざんねんな食べ物事典**』をイチオシとする。「オール讀物」連載を軸とした一冊だがかゆいところにしか目がいかないような「気づき」が満載。共感ポイントも大盛りサービスの一品である。天かすの悲劇にトコロテンの哀愁。ざんねんエピソードを探しながら読むべし。
食をテーマとした作品では『**ひきこもりグルメ紀行**』（カレー沢薫／ちくま文庫）も引きこまれた一冊だ。コロナ対策でのステイ・ホームよりずっと前からひきこもり暮らしをしていた著者に緊急事態宣言の時代が追いついたのかもしれない。自宅にいながら取り寄せで全国各地の味めぐりができるとはまさに現在《いま》を象徴する味わい深さ。ちょっと斜めからの視線もクセになる好著である。「週刊文春」あたりで連載を切望。今年のランキング入りは大先輩に譲ったものの今後大いに注目の書き手である。

ここまでの順位を振り返れば文春文庫がひときわ目立つ。レーベルの勢いは最強だ。最近生まれた文庫キャラクターはたばぶー（双葉文庫）、よむーく（講談社）などいくつかあれど、ぶんこアラ（文春文庫）が何歩も先ん出ている印象だ。スキャンダルのない文庫キャラクターは文春砲にも守られている。これからのゴン攻めにも期待しよう。

『ざんねんな食べ物事典』の次は『**ざんねんな名言集**』真山知幸を7位とする。『ざ

んねんないきもの事典』の大ベストセラー以来、ざんねん、しくじり、ヤバいなど本来ネガティヴな意味合いのある言葉たちが一気に市民権を持ったように思う。「ざんねん」だからこその人間味。暗雲たちこめた時代の空気から、失敗を成功に転換させる積極的なパワーワードが世に求められているのだろう。「歯が痛んで奈良漬も食えない」（伊能忠敬）など、「名言は何を言ったかではなく誰が言ったかが重要だ」という名言が腑に落ちる。

第6位『**「日本の伝統」の正体**』藤井青銅は雑学文庫のど真ん中に位置する風格さえも感じさせる。伝統にめっぽう弱い日本人。いつから続けば「日本の伝統」になるのだろう。45年も続いている「本の雑誌」は立派な伝統と思うがバレンタインデーが盛んになって50年、恵方巻は20年で全国区になるも本を贈るサン・ジョルディの日は定着せず。と出版業界の商売下手も浮き彫りに。まさに目からウロコの連続で読み終えれば手元にはウロコの山ができていることだろう。僕らはいかに先入観に惑わされて生きているかがよく分かる。新たな発見と知的な刺激を味わえる一冊だ。

美術展「怖い絵展」に代表される古今東西の名画をさまざまなアプローチで読み解く作品も珍しくなくなった。そんな流れの中で異彩を放つのが『**名画たちのホンネ**』（とに〜）だ。名画を擬人化して「本人」にポイントを語らせるという斬新な手法。「とに〜」かく目のつけどころがシャープである。「どーも風神雷神です。」風のノリに慣れればこっちのもの。図版もカラーで見やすくこれまでとっつきにくかったアートの世界が一気に身近になること間違いなしだ。

続いて第4位はオリンピック・イヤーであるのでスポーツ界を代表して『**オレたちのプロ野球ニュース　野球報道に革命を起こした者たち**』長谷川晶一だ。１９７６年4月1日の初代キャスターが佐々木信也氏の

第一声からみのもんた「珍プレー・好プレー」の大ブレイク、日韓ワールドカップをきっかけとした地上波撤退、そしてそれぞれの今。関係者たちの生々しい証言からむせ返るような時代の空気がそのまま蘇る。空前のブームの舞台裏、その光と闇の攻防は読む者の心も熱くする。ひとつの番組が選手のプレーだけでなく野球そのものまで変えてしまったのではないだろうか。後世に残しておきたいドキュメンタリーだ。

　さあ全集中してランキングに注目。3位は**『日本建築集中講義』**（藤森照信／山口晃）である。タイトルと著者からはこれは学術書？と思ってしまいそうだがまったく小難しくない。修学旅行のような法隆寺の見学からスタート。よくぞここまでハードルを下げてくれたものだと感動すら覚える。ユニークな視点で13の名建築を訪ね歩いて日本の建築史を俯瞰できるばかりか文庫版特別収録も付いているから超お買い得である。読みどころは建築の第一人者である藤森先生の本音すぎる明瞭解説と山口画伯のお茶目なイラストの絶妙なコラボレーション。案内役の解説員までいじられて笑わずにはいられない。同じテーマでもう一冊『隠れた名建築ぶらぶら歩き　ひとり気ままに見て回る』矢野和代（知恵の森文庫）もぜひご一緒に。ツアー旅行やネット情報を駆使して建築巡りを楽しみレポートも読ませるが『日本建築集中講義』と重なる三溪園、聴竹居、待庵など読み比べが面白い。いずれも登場した名建築たちを訪れたくなること請け合いだ。

CD・
中央公論新社デザイン室

　2位は**『辺境メシ』**（高野秀行）が堂々とランクイン。容易に海外に行けなくなった昨今だからこうした「クレイジージャーニー」の記録が価値を持つ。食に対する常識が完全崩壊（ショック！）。知られざる世界を学ぶことによってこの国のことも客観視できるのだ。辺境を知り尽くした男による直球ど真ん中のこの一冊。面白くないわけがない。ご飯ものでもサンド（パン類）のメシよりオススメだ。

　そしてお待ちかねの第1位は**『日本全国津々うりゃうりゃ　仕事逃亡編』**（宮田珠己）に決定！　賞品はなにもありませんがおめでとうございます。2019年度のこのランキングでも『いい感じの石ころを拾いに』（中公文庫）を1位に押したが個人的にどうやらこの著者が好きすぎるらしい。本書の単行本刊行時には出版記念トークイベントの相手役を務めさせていただくなど個人的な思い入れがとりわけ深い。

　ゆるーい空気感、圧倒的な自由さ、飾らない人間臭さはクセになる魅力に満ちている。担当編集のテレメンテイコ氏との道中の掛け合いがまたスリリングで目が離せない。互いの個性が副反応を起こしてまったく思わぬ方向に転がり続けて、福山雅治っぽく言えば「実に面白い」のだ。宮田氏は今年、初めての小説作品『アーサー・マンデヴィルの不合理な冒険』（大福書林）を上梓。これまた物語も装丁も素晴らしいので必読！と最後に素敵な番宣を投げ込んでお開き。続きは書店で！

ノンフィクション

刑務所からの24時間の解放を追った大正12年の『囚人服のメロスたち』

◉東 えりか

Yahoo!ニュース｜本屋大賞ノンフィクション本大賞の設立からノンフィクションを読む人が増えている実感がある。それに伴い、過去の文庫化されなかった作品に日が当たり始めた。長期間の取材や体験を経て著されたノンフィクションは時に小説を凌駕する迫力を持つ。

『囚人服のメロスたち　関東大震災と二十四時間の解放』は大正12年9月1日に起こった関東大震災によって火災に見舞われた横浜刑務所で、史上初めて行われた監獄法に則った24時間の解放を追ったノンフィクションノベルである。

当時の典獄（刑務所長）椎名通蔵《みちぞう》は帝大卒初の監獄官吏のキャリア組。千人もの囚人を解き放ち、その全ての責任を負うと腹を決め当日午後6時30分、囚人たちの解放を宣言する。帰還期限は24時間後。戻らなければ逃亡罪として罰する。襟に番号と名前を付けた柿色の囚衣は目立つが、家族の安否確認と復旧の手伝いを言い渡す。

解放囚の一人は無実を主張する福田達也。生家の溝村に翌朝辿り着いたが救助に忙殺され時間までに戻れない。彼の代わりになった者は誰か。他の囚人も悪事を働くことなくほとんどが戻り、椎名典獄のため横浜港の復興など粉骨砕身、励んでいく。

著者は刑務官出身で、関係者から話を聞き30年かけて事実を突き合わせた。心血を注いだ傑作である。

『津波の霊たち』は東日本大震災で甚大な被害を被った石巻市立大川小学校のその後を在日22年のイギリス人ジャーナリストが6年間追い続けたドキュメントだ。大川小では78人のうち74人、教職員11人のうち10人が犠牲になった。助かる方策はいくつもあったのに震災後なぜ50分も手を拱いていたのか、なぜ間違った避難場所に児童を誘導したのか。一部の遺族たちは責任を問うため裁判に踏み切った。

著者は遺族だけでなく周辺住民とも信頼関係を築き上げて本書を書き上げた。学校は災害時の避難場所に指定される一番安全な場所でなければならない。それなのになぜ子どもたちはそこで死んだのか。日本特有の心霊現象にも外国人ならではの取材を行い、我々日本人にとって貴重な示唆を与えてくれる。親たちの慟哭に胸を打たれた。

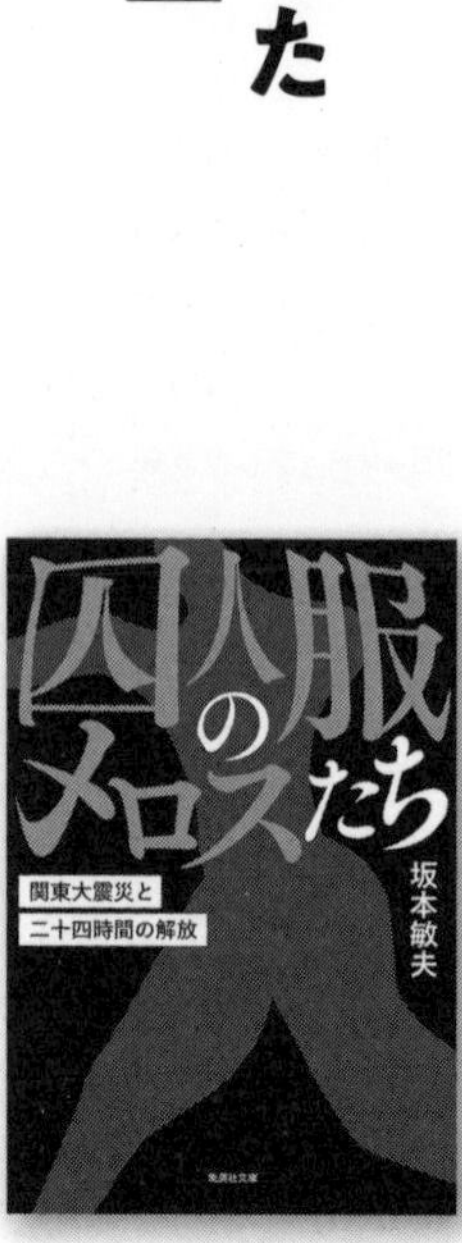

カバー・三村 漢（niwa no niwa）

災害や紛争が起こると真っ先に必要になるのは医師たちだ。**『「国境なき医師団」を見に行く』**はマルチな才能の著者が現場に行き実態をみたルポである。きっかけはその活動が多岐に渡っていることを知ったからだ。彼らは全世界70数か国に展開し戦争や天災に見舞われた地域に真っ先に入り医療や精神的、社会的ケアを行う。

大震災の疵が癒えないうちに大型ハリケーンに見舞われたハイチは、保健医療体制がまったく機能していなかった。ギリシャは中東やアフリカからの難民が到着する最大の拠点で、行き先を失った大勢の人々が約50のキャンプにいるという。フィリピンのマニラでは、都市の中心部にあるスラムの過密人口と貧困に衝撃を受ける。

取材は撮影を最小限にして人々の話を聞くことに徹する。難民だけでなく職員や専門家、事務員にも仕事に就いた理由を聞いていく。多くの人に知ってもらいたい。

ノンフィクションベストテン

1. **囚人服のメロスたち** 関東大震災と二十四時間の解放
坂本敏夫／集英社文庫
2. **津波の霊たち** 3・11死と生の物語
リチャード・ロイド・パリー、濱野大道訳／ハヤカワ文庫NF
3. **「国境なき医師団」を見に行く**
いとうせいこう／講談社文庫
4. **軌道** 福知山線脱線事故 JR西日本を変えた闘い
松本創／新潮文庫
5. **堤清二　罪と業** 最後の「告白」
児玉博／文春文庫
6. **桜色の魂** チャスラフスカはなぜ日本人を50年も愛したのか
長田渚左／集英社文庫
7. **吃音** 伝えられないもどかしさ
近藤雄生／新潮文庫
8. **「本をつくる」という仕事**
稲泉連／ちくま文庫
9. **男の民俗学大全**
遠藤ケイ絵・文／ヤマケイ文庫
10. **飼い喰い** 三匹の豚とわたし
内澤旬子／角川文庫

２００５年4月25日月曜日、ＪＲ西日本福知山線の上り快速列車が9時18分ころ脱線事故を起こす。死者１０７名、負傷者５６２名という大惨事となった。事故を起こしたＪＲ西日本は謝罪しつつも自己保身の言葉を繰り返し、高飛車な物言いに遺族は反発し、険悪な関係となった。

『軌道』はこの事故で妻と妹を亡くし娘も大怪我を負った淺野弥《や》三《さ》一《かず》氏に密着取材した。当初の対立から遺族とＪＲ西日本の幹部が共同して「課題検討会」を開き検証結果を発表するまでの13年間の記録である。

著者は地元神戸新聞の元記者で別の取材で淺野氏と知り合いになった。事故の原因は運転手の不注意と発表された。だがなぜ時刻表の遅れを取り戻すため無謀ともいえるスピードをだしたのか。当時、旧国鉄の官僚体質が残っており、ＪＲ西日本には

「天皇」と呼ばれる人物が実権を握っていた。昭和の妖怪をどのように排除したのか。息詰まる長い闘いを読んでほしい。

『堤清二　罪と業』もまた昭和の遺産を検証したノンフィクションである。私はセゾン文化の恩恵にあずかった世代だ。バブル時代の良い記憶が残っている。それが堤家内部での異母弟、義明との相克の結果であ

デザイン・関口聖司

ることは知っていた。

著者は2000年の「セゾングループ解体」記者会見で淡々と答える清二に対峙していた。小説家、辻井喬として生きてきた清二は義明が証券取引法違反で逮捕され西武グループが崩壊した際、突如として最前線に立った。その真意を探るために計7回、数十時間に及ぶインタビューを申し込む。彼の口から語られた堤一族の隆盛と凋落の歴史は怨念と情愛の物語であった。

立志伝中の人で艶福家の父・康次郎には正妻の子、清二と別宅の義明、ふたりの男の子がいた。康次郎の晩年、後継者として指名されたのは義明であった。

清二に与えられたのは池袋の小さな百貨店のみ。だが約20年余り後、年商五兆円というセゾングループを築き上げる。バブル崩壊でグループが破綻した後にビジネスに復帰したのは長兄としての矜持と康次郎との約束であった。知的なイメージからは遠い愛憎劇は凄まじいものであった。

2021年、東京オリンピックはコロナに翻弄されつつ事故もなく終わった。**『桜色の魂』**は1964年の東京オリンピックで誰もが美しいとため息をついた女子体操金メダリスト、チェコスロバキアのベラ・チャスラフスカの人生をスポーツ・ライターの長田渚左が24年も追いかけたノンフィクションだ。チャスラフスカの生涯は輝かしいオリンピックの結果と祖国との確執、長い闘病生活の50年だった。健康を取り戻した彼女は2011年10月に来日を果たす。69歳となった彼女を復活させたもの、それは日本の大災害が関係していた。

東欧の民主化の波に巻き込まれ、金メダリストで有名なために迫害も受けた。家族どうしのトラブルもあり重いうつ病となったチャスラフスカの生活は悲惨だった。

本書では当時の男子体操金メダリストの遠藤幸雄についても詳しく描かれている。同じ競技者として尊敬しあい、男女を越えた友情を育んだ交流は、厳しい生活を余儀なくされていたチャスラフスカにとって、一筋の光だったようだ。権力に屈することなく自分の信じるところを突き進んだ、ひとりの女性の勇気を知って欲しい。

『吃音　伝えられないもどかしさ』は国内に100万人いるという吃音という障害を持つ人たちの悩みを、自身が吃音であった著者が丁寧に掘り起こしていく。

重度の吃音を苦にして自殺未遂まで起こした高橋啓太という男性の回復への過程を下敷きに、吃音を持つ言語治療士の挑戦や、大手企業のエンジニアの職をなげうち障害者枠で再就職した男性、職場で居場所を失い自殺した看護師などの足跡を辿る。

驚いたことに2000年代に入っても吃

音を治す方法は胡散臭いものが多かったという。吃音治療の歴史から当事者の現実問題など初めて知ることばかりであった。人間関係に悩む人にとって解決のヒントを与えてくれる一冊ではないだろうか。

　幼いころから本は欠かせなかった。しかし私はどこまで本をつくる仕事に従事している人について知っていたのだろう。**『「本をつくる」という仕事』**はまるっと全部本に関わる人たちを取材した労作である。まずは作家が原稿を書く。編集者の手に渡り、その作品が商品としての本になるかどうかが決定する。ここが始まりだ。

　活字は多様だ。「書体は声である」と平成の大改刻プロジェクトでデジタル化された書体を改変した伊藤正樹。手に取りたくなる本を作りたいと「製本マイスター」という国家資格を取得した青木英一は100年近い歴史を持つ製本所の四代目社長だ。校正・校閲者の必要性はネットが広まった今、さらに重要になっている。

　それぞれが本を愛し、本を失わせまいとする気概を感じる。今は個人が欲しくなる本を模索すべきなのではないだろうか。私にとって読書は生涯の友なのだから。

　そんな本の技術が遺憾なく発揮されているのは**『男の民俗学大全』**である。

　職人気質を必要とされる職業にはなぜか憧れる。日本人ならではのこだわりに惹かれるのだ。しかしその多くは滅びゆく職業であることも間違いない。

　著者は1980年代に日本各地に残る市井の職人技や伝統芸など99職種を取材した。

　ハブ捕獲人、鵜匠、煙突掃除人、硯彫り師、などあまりなじみのない職業には興味津々。緻密なイラストと詳細な説明で10年にわたり漫画誌に連載した異色の記録が蘇えった。これは紙の本として手元に置き、じっくりと腰を据えて見つめたい。

　著者に語った仕事師たちの自信に満ちた仕事ぶりに魅せられる。消えてしまった多くの仕事への1008ページにわたる日本の文化への壮大な鎮魂歌だ。

　最後は「奇書」と言ってもいいのではないか。**『飼い喰い』**の著者の内澤旬子は本の雑誌の読者にはおなじみだと思う。イラストレーターであり、ルポライターでもある。『世界屠畜紀行』では世界各国の生きている動物が肉になるまでを取材した。だが日本では自分の手で育てた動物の肉を食べることはほとんどない。ならば「自分で家畜を育てて食べてみたい」。有言実行、その過程をまとめたものが本書である。

CD・寄藤文平

　彼女の覚悟は半端ではなかった。交配から見学し三種類の子豚を集め、見切り発車のように自宅で飼い始めてしまう。肉にするためだと割り切ったつもりでも、名前をつけ餌を手から与え、甘えられれば情が移る。豚たちはどんどん大きくなっていく。本当に殺して食べられるのかと心配になるが彼女はやり遂げた。ほぼ思い通りに肉を得て食べるという願いを叶えることができたのだ。肉は生き物からの頂き物、それが身に沁みる一冊である。

ライトノベル

少女スパイが活躍し女性刑事とロボットのバディが難事件に挑み美少女がロシア語でデレる多彩

◉タニグチリウイチ

ミステリでもファンタジーでも、SFでもラブコメでもそれぞれにベストテンを並べられるくらい、ジャンルが混在したライトノベルというカテゴリーで十作品を選ぶのは無茶な話だと断った上で、物語好きに読んでほしい作品を観測範囲から選んでみた。トップに挙げるのは、第32回ファンタジア大賞で大賞を獲得してデビューした竹町による「**スパイ教室**」シリーズだ。

共和国最強のスパイと言われたクラウスの下、スパイ養成学校で落ちこぼれだった少女たちのチーム〈灯〉が結成され、敵国の生物兵器を破壊する死亡率九割の任務に挑むことになる。そんな内容の第1巻から始まったシリーズは、毒物のエキスパートだったり変装の名人だったり、動物使いだったり発明家だったり不幸を招き寄せる体質だったりと、総合力では劣るが個々に突出した才能を持った少女たちが、次々と難しい任務を達成していく展開で読ませた。

クラウスが「このお遊びには、いつまで付き合えばいい？」と言って繰り出す、世界最強ならではの逆転技の鮮やかさもシリーズの名物。最新刊『スパイ教室06《百鬼》のジビア』では、〈灯〉とは違い養成学校のトップが集められたチームを壊滅させた敵が立ちふさがる。少女スパイたちの運命やいかに？　毎回が驚きに溢れた美少女×スパイアクションだ。

「ヒエダ電索官、読書がお好きですか？」「最初、きみのことをR・ダニールだと思ったくらいには」。そんな会話にピンとくるSFファンでミステリ好きにピッタリなのが、第27回電撃小説大賞で大賞の菊石まれほ『**ユア・フォルマ　電索官エチカと機械仕掛けの相棒**』。一種の電脳デバイスを脳に装着することで、端末など使わなくても人間があらゆる情報にアクセスできるようになった未来。そうした技術が絡んだ犯罪捜査を行う捜査官のエチカ・ヒエダと、ハロルドという人間そっくりの助手ロボットがバディとなって難事件に挑む。

ホームズばりの観察力でハロルドが見せる推理と、人間を拡張する技術で変えられた社会のビジョンが、ミステリとSFの両方の面白さをもたらす。続刊『ユア・フォルマII　電索官エチカと女王の三つ子』では、ハロルドの兄弟というロボットが犯し

CD・草野 剛

たらしい連続襲撃事件に挑む。アシモフの正統なる後継作品として読まれて欲しい。

スパイ、刑事と来たなら次は探偵の出番だ。二《に》語《ご》十《じゅう》「**探偵はもう、死んでいる。**」シリーズは、第15回MF文庫Jライトノベル新人賞で最優秀賞となり二〇一九年十一月に第1巻が刊行。たちまち評判となって続刊が出てテレビアニメにもなった。シエスタという少女探偵に助手にされながらも、シエスタと死別して漠然と生きていた君塚君彦という少年が、新しい出会いをし、仇敵だった謎の組織と戦う中でシエスタの存在を確かめていく。ミステリからラブコメへと変じ、異能バトルから宇宙人まで絡むSFへと発展していくジャンルミックスぶりと、絶対に諦めない君彦のカッコ良さに惹かれるシリーズ。第5巻で一段落した物語が、最新の第6巻で描かれる前日譚を経てどこへ向かうのか。先が楽しみだ。

「探偵はもう、死んでいる。」シリーズが「たんもし」と略されるように、評判になったラノベはたいてい略称を持っている。衣笠彰梧による「**ようこそ実力至上主義の教室へ**」も「よう実」と呼ばれる人気シリーズ。名門校の高度育成高等学校に入学したものの、ランキングでは最低のDクラスに配属された綾小路清隆という少年が、クラスメンバーと共に試験やイベントで好成績を収め、最上位のAクラスを目指す成り上がり青春ドラマであり、退学がかかったサバイバルを勝ち抜いていくデスゲームものでもある。

清隆には、ある教育施設で最高傑作と言われながら逃げ出した過去があって、高校では本性を隠して裏方に徹する。〝陰の実力者〟といったポジションに憧れる読者を誘ったのか、『このライトノベルがすごい!2021』ではHPからのファン投票で

ライトノベルベストテン

1. **スパイ教室**
   竹町／富士見ファンタジア文庫
2. **ユア・フォルマ**
   菊石まれほ／電撃文庫
3. **探偵はもう、死んでいる。**
   二語十／MF文庫J
4. **ようこそ実力至上主義の教室へ**
   衣笠彰梧／MF文庫J
5. **忘れえぬ魔女の物語**
   宇佐楢春／GA文庫
6. **ホヅミ先生と茉莉くんと。**
   葉月 文／電撃文庫
7. **時々ボソッとロシア語でデレる隣のアーリャさん**
   燦々SUN／角川スニーカー文庫
8. **ミモザの告白**
   八目 迷／ガガガ文庫
9. **りゅうおうのおしごと!**
   白鳥士郎／GA文庫
10. **春夏秋冬代行者**
    暁 佳奈／電撃文庫

1位となった。5巻まで出ている『2年生編』では、身辺に敵の手が迫る中で清隆が徐々に本性を発揮し始めている。大波乱が起こる兆しなのか？　展開を見守りたい。

　同じ時間を繰り返しながら、最善を選ぼうとあがくループものの系譜に連なる傑作が、第12回GA文庫大賞で金賞の宇佐楢春**『忘れえぬ魔女の物語』**だ。高校生になった相沢綾香が稲葉未散《みちる》と同級生になり友達になった翌日も、その翌日も初めての出会いを繰り返す。実は全部同じ四月六日のこと。綾香は生まれた時から同じ一日を数回、たいていは五回ほど過ごし、そのうちの一日がランダムに選ばれ翌日へと進む人生を送ってきた。そんな綾香と未散の関係に悲劇的な日が訪れてからの展開が凄まじい。気が遠くなる時間を繰り返しても最善の一日が得られない絶望が胸を締め付ける。宇宙を観測できる人間の存在が、時間という概念を作り出しているのかもしれないといった思索をもたらされる作品。本格SFへの進出を期待したくなる書き手だ。

　ここまで紹介してきながら、ジャンルとして入っていなかったラブコメだが、ラノベの世界ではどうやらラブコメが、目下の最大トレンドになっているようだ。店頭を眺めると、表紙に美少女や美女が描かれ、「後輩女子」「幼なじみの妹」「恋人代行」「本気の恋」「女子寮の管理人」といったタイトルが書かれた文庫がズラリと並ぶ。「今、ライトノベルの読者が求めているのは、ご飯がすすむような美味しいシチュエーションと可愛いヒロイン。まず、この二つなわけ」。葉月文によるラブコメ作品**『ホヅミ先生と茉莉くんと。Day.1 女子高生、はじめてのおてつだい』**でも、主人公のラノベ作家に担当編集者がこう言って、ラブコメを書かせようとするくらいだ。言葉通りにラブコメ作品は若い感情を誘うが、それだけでは足りない。『ホヅミ先生』でもラノベ作家の生みの苦しみや、小説からファンが感じる喜びの大きさが描かれている。第2巻ではコミカライズをめぐって、担当イラストレーターとマンガ家が作品への理解度を争う様子から、才能というものの凄みを教えられる。ラブコメといっても、シチュエーション＋アイデアの勝負になっている。そこで支持を得た作品が生き残るサバイバルが繰り広げられているのだ。

装丁・木村デザイン・ラボ

　その点で、「ロシデレ」こと燦々SUNによる**『時々ボソッとロシア語でデレる隣のアーリャさん』**も、アイデアが光るラブコメだ。同級生の久世政近という少年に対して、ロシア人の血を引くヒロインのアーリャがロシア語で何かつぶやく。周囲には『みっともない』って言っただけ」と説明しながら、実は「かわいい」と言っていた。アーリャはツンとしながら内心ではデレて政近のマウントをとっているつもりだったが、実は政近はロシア語が理解できて、アーリャのデレに気恥ずかしさを覚えていた。二人のすれ違いぶりが何とも愉快。ロシア語が堪能な声優の上坂すみれによるPVが作られていて、その愛らしさでロシア語を学ぶファンを増やしていきそうだ。

ラブはあってもコメディではないのが、『夏へのトンネル、さよならの出口』『きのうの春で、君を待つ』と優れた単巻ラノベを出してきた八目迷による**『ミモザの告白』**だ。紙木咲馬とは高校の同級生で、陸上部で活躍していた槻ノ木汐は子供の頃からずっと自分は女性だと認識していた。そのことをいよいよカミングアウトし、女子の制服で通い始めた。

装丁・
TANIGOME KABUTO
(Musicago Graphics)

そこで起こった反応が、揶揄だったり嫌悪だったりする辺りに、LGBTへの理解が進んだ現代ではあっても、実際の現場ではまだまだ浸透していない雰囲気が感じられる。そうした無理解を排他的と非難する咲馬自身に、他人の感情を理解していなかったと気付かせる描写が、誰かを理解することの難しさというテーマを浮かび上がらせる。刊行が決まった続編で綴られていく物語を追いながら、登場人物たちと共に自分の抱えた偏見を見つめ直していきたい。そう思わせてくれる秀作だ。

主人公の九頭竜八一が将棋界で達成した偉業を、天才棋士の藤井聡太四冠によって次々と塗り替えられ、現実に追い越されたラノベと言われた白鳥士郎**「りゅうおうのおしごと！」**シリーズ。小説の世界で八一が史上最年少で輝いた二冠は早々に追い越され、八一が持つ棋界最高とされる竜王位も奪取されてしまって、八一の立つ瀬がなくなってしまった。

ただ、作中で繰り広げられている将棋界の出来事や、棋士たちが抱えている悩みなどに関する描写は、現実に即してリアルでシリアス。小学生の女子を何人も弟子にしてエロい奴だと思われがちな八一だが、将棋に関しては大天才で、その才能に周囲が追いつけないと歯嚙みする様は、藤井三冠の周りでも実際に起こっているのではと思えてくる。現実には誕生してない女性のプロ棋士に、作中で初めてなったヒロイン・空銀子の孤独感や、プロではないものの棋界の看板として振る舞わなくてはいけない女流棋士たちが抱える思いに触れ、たとえ追い越されたと言われても、現実に女性棋士が誕生して欲しいと願いたくなる。

暁佳奈がKAエスマ文庫から刊行し、アニメ化もされたシリーズが『ヴァイオレット・エヴァーガーデン　エバー・アフター』で完結した。アニメより一足早く最愛のギルベルトと再会できた少女・ヴァイオレットが、手紙を代筆する「自動手記人形」として見せる活躍を優しい物語として描き切った。その暁佳奈は、**「春夏秋冬代行者」**という新シリーズをスタート。北からエニシ、帝州、衣世《いよ》、創紫《つくし》、竜宮に分かれた大きな島からなる国「大和」で、ヒロインとなる花葉雛菊は春の代行者として「大和」に春をもたらす役割を担っていた。雛菊は十年ほど行方不明になっていて、ようやく戻ったばかりの上に以前とはどこかが違っていた。彼女に何があったのかが、『春夏秋冬代行者　春の舞』上下巻を通して明らかにされていく。繊細な描写と美しいイラストによって綴られた和風ファンタジーを、追っていく楽しみが生まれた。

45文庫大集合。
要チェックだらけの蔵出し新鮮情報!!!

文庫 新刊 予告 2022 レーベルアンケート

文庫読むならレーベルで！ 話題沸騰の最新作、2022イチオシ&ラインナップ、既刊ロングセラーに自己紹介まで。レーベル直送、ちがいを楽しむ最新文庫情報ハンドブック。

朝日文庫

『選りすぐりの知性とエンタメ』を旗印に話題作目白押しです。文芸は今村夏子さんの芥川賞受賞作『むらさきのスカートの女』、辻村深月さんの『傲慢と善良』、ロングセラー『ことり』に引き続き小川洋子さんの『小箱』、柚木麻子さんの『マジカルグランマ』、森絵都さん『カザアナ』など。時代小説は山本一力さん・宇江佐真理さん各三ヶ月連続刊行を予定、朝井まかてさん『グッドバイ』、葉室麟さん『星と龍』などの話題作を筆頭に神楽坂淳さん、五十嵐佳子さんの書き下ろし、細谷正充さん・菊池仁さん他による時代小説アンソロジーシリーズも絶好調、特に藤原緋沙子さん・坂井希久子さん他競作のアンソロジー『家族』に乞うご期待。司馬遼太郎さんを始め、これまでも岡潔『紫の火花』他数々の歴史的名著をカタログに擁する「朝日文庫classics」では茨木のり子さん『ハングルへの旅』、佐野洋子さん『あれも嫌い これも好き』、種村季弘さん『江戸東京〈奇想〉徘徊記』各新装版も予定しています。

岩波文庫

岩波文庫は古今東西の典籍を手軽に読むことのできる、古典を中心とした随一の文庫レーベルです。１９２７年の創刊以来、現在までにおよそ６２００冊近くの作品を刊行してきました。その発刊の辞「読書子に寄す」には、知識と美を求める人びとの切実なる要求に応じ、それに励まされて生まれた、と謳われています。読書の面白さや楽しみ、感動を味わうには、時代を越えて長く読み継がれてきた古典ほど確かで豊かなものはありません。岩波文庫では、多くの皆さまに世の名著、名作に親しんでいただけるよう、常に本文の組みを見直し、改版も進め、より読みやすい文庫をと心がけてきました。

来年も期待の新刊を続々ご用意しております。けれども、いつか読もうと思っていた一冊、誰もが知っている名著、意外と知られていない名作――どれでも、いつでも、あなたが出会った時が「新刊」です。岩波文庫で読書という人生の大きな楽しみの一つを存分に堪能していただけましたら幸いです。

角川文庫

二〇二三年に創刊75周年を迎える角川文庫にとって、二〇二二年は「プレ75周年」に当たります。これを見据え、学生限定で募集を行なった新キャラクターが、これまでの「ハッケンくん」に代わっていよいよお目見えの予定です。今年六月には、八年ぶりに角川文庫の表紙デザインを変更、創刊時のイメージへと近づけています。かつて、戦災からの復興を文化面から後押しするとの誓いから創刊した原点に立ち返り、角川文庫がコロナで傷ついた日本のエンターテインメント界復興を牽引します！　一月は早速、重松清さんの新刊『木曜日の子ども』が控え、春公開の映画「とんび」（原作、角川文庫）と連動。その他のタイトルについては、まだここでご紹介できないのがもどかしいのですが、待望のあの作品の文庫化や、角川文庫のお家芸・メディアミックス最新刊まで、二〇二二年も強力作品群が待機中です。「敷居は低いが満足度は高い」、角川文庫にこれからもどうぞご期待ください！

角川ソフィア文庫

2021年は、古典作品がすらすら読める「ビギナーズ・クラシックス」シリーズが20周年を迎え、『風土記』『三十六歌仙』『吾妻鏡』などの注目新刊を刊行しました。このあとも中江兆民『三酔人経綸問答』、西田幾多郎『絶対矛盾的自己同一』、鈴木大拙『日本的霊性』、羅貫中『三国志演義』など、新たな古典を解説つきで続々刊行予定です。

また20周年を記念して、既刊ラインナップを一望できる「ビギナーズ古典MAP」を書店店頭・公式サイトで公開。MAPを眺めると古典がもっと読みたくなる、とご好評いただいています。

レーベル得意の民俗学では、室井康成『日本の戦死塚　増補版 首塚・胴塚・千人塚』、小松和彦『妖怪と日本人』を刊行予定です。『銀座アルプス』『科学歳時記』『読書と人生』など、新装幀の文庫版が人気の寺田寅彦も、続刊を準備中。仏教ジャンルでは、鈴木大拙のあの名著を半世紀ぶりに新訳刊行予定。2022年も、角川ソフィア文庫にご期待ください。

角川ホラー文庫

角川ホラー文庫のイチ押し作品は、書店員さんから圧倒的な支持を得て、第41回横溝正史ミステリ&ホラー大賞〈読者賞〉を受賞した秋津朗さん『デジタルリセット』です。許すのは5回まで。次は即リセット――。理想の環境を求め、自らの基準にそぐわない人間や動物を殺しては、別の土地で新たな人生を始める「リセット」を繰り返すシリアルキラーと、それを追う男を描く、スリリングなサスペンス・ホラーです。デジタル社会に現れた新たな殺人鬼に、戦慄・驚愕間違いナシ！　二〇二一年十二月発売予定です。また、ホラーとミステリの両ジャンルで熱い支持を得ている澤村伊智さんの短編集や、漫画家・楳図かずおさんの初期作品をオリジナル編集した「こわい本」シリーズ全10巻がついに完結&新企画II巻も発売予定。二〇二二年も、ミステリ、サスペンス、怪談、SF、そして漫画まで、幅広いホラー作品を取り揃えてお届けします！

河出文庫

話題作『テヘランでロリータを読む』（アーザル・ナフィーシー著・市川恵里訳）が河出文庫に入った。同書は壮絶な生と「生き抜くための文学」を描き、全米150万部、国際的なベストセラーとなった作品。イスラーム革命後のイラン・テヘランで、ヴェールの着用を拒否してテヘラン大学を追われた著者が、限られた女子大生たちと秘密の読書会を開く。発禁のナボコフ『ロリータ』、フィッツジェラルド『グレート・ギャツビー』等々。急進的なイスラームによる女性への迫害のなかで、想像力によって作り出された文学の力を信じ、自分たちの文学としてゆく。苛酷な状況下で小説を糧に生き抜こうとする姿が強く胸を打つ。小説『i』で同書を取り上げた西加奈子氏が解説を執筆。「これほどの力を持った作品に、新たな命を吹き込むのは私たちだ」と綴る。アフガン問題などど、まだ女性の人権問題が解決されずにいる現在、読まれるべき一冊に違いないと思う。

講談社文庫

講談社文庫はおかげさまで創刊50年を迎えました。この機会に誕生した新キャラクター・よむーくは、本を読むのが大好きなシロクマ。フェアを中心に大活躍した今年に続き、来年もあちこちに登場予定です。読者の皆さまに親しんでいただけたら嬉しいです！

創刊50周年では多くの人気作家に記念作品を書下ろしていただきました。11月・12月にも篠原悠希さんの中華ファンタジー『霊獣紀』が連続刊行されるほか、神永学さん「心霊探偵八雲」の高校時代を描いた『青の呪い』が登場、今後も超大型新シリーズが続きます！

第6回吉川英治文庫賞を受賞された今村翔吾さん、「百万石の留守居役」シリーズを堂々完結された上田秀人さん、作家生活20周年を迎えた堂場瞬一さん、それぞれの新シリーズが始動！人気作品の文庫化では、東野圭吾さん『希望の糸』、道尾秀介さん『カエルの小指』、西條奈加さん『亥子ころころ』など待望の作品が多数。2022年も講談社文庫にどうぞご注目ください！

講談社学術文庫

【年内の目玉】11月刊では、小泉武夫『日本酒の世界』。「家飲み」が定着した今、読みながら飲めば、さらにウマくなる!? 続く12月刊では、『永続敗戦論』でその名を轟かせた著者のデビュー作、白井聡『未完のレーニン』。解説では、先輩にして畏友である國分功一郎氏が本書の衝撃性を鮮やかに指摘。同じ12月刊では、銀座の名店「ブールミッシュ」の創業者による、吉田菊次郎『万国お菓子物語』。世界中のお菓子を図版満載で紹介します。

【来年のイチ押し】1月刊では、学術文庫が力を入れている「古典新訳」として、デカルト『方法叙説』小泉義之訳。ドゥルーズをはじめとする現代思想の論客として知られる小泉氏はデカルト研究から出発。ついに原点に立ち戻った渾身の新訳です。同じ1月刊では、カント『永遠の平和のために』丘沢静也訳も。練達の訳者によって、既訳では感じられなかった親しみやすい哲学者の言葉が実現しました。「古典新訳」は今年もさらに刊行予定！

講談社タイガ

講談社タイガの2022年は「再始動」の年になります。具体的には、大期待の新シリーズを1月から3月にかけて毎月立ち上げます！　1月に内藤了さんの新シリーズ「警視庁異能処理班ミカヅチ」の始動を皮切りに、2月に遠藤遼さんの「平安姫君の随筆がかり」シリーズが2ヶ月連続刊行、3月には友麻碧さんの「水無月の許婚」シリーズなど、どれも原稿が上がるたびにワクワクが止まらない勝負作ばかり。ぜひご期待ください！

もちろんそれだけではありません。城平京さんの傑作ミステリ「虚構推理」がアニメ2クール目も決定しているほか、文庫ながらもミステリランキングに上位ランクインしている『紅蓮館の殺人』『蒼海館の殺人』（阿津川辰海）や、タイトルで禁断のネタバレをしている『叙述トリック短編集』（似鳥鶏）など、講談社ノベルスの兄弟分としてミステリでの挑戦も続けていきます！

光文社文庫

2022年の光文社文庫は、大型企画として佐伯泰英さんの「吉原裏同心」シリーズ決定版を4月から刊行開始いたします。これまで書き継がれてきました「吉原裏同心」「吉原裏同心抄」「新・吉原裏同心抄」を統一、加筆修正の上、新しいカバーデザインで毎月2冊ずつお届けします。これまでシリーズを読んだことのない方にもぜひおすすめいたします。ミステリーと時代小説に力を入れている光文社文庫ですが、ミステリーでは、宮部みゆきさんの『長い長い殺人』、東野圭吾さんの『11文字の殺人』、小杉健治さんの『父からの手紙』といった作品がロングセラーとして好評を得ております。また、ジャンルを超えた作品としては、三浦しをんさんの『舟を編む』や荻原浩さんの『神様からひと言』なども根強い人気です。ようやく世の中に明るい雰囲気が出てきましたが、これからも読者のみなさまを元気づけられるような作品を刊行していきますので、どうぞよろしくお願いいたします。

光文社古典新訳文庫

2月に『人間のしがらみ』という文豪サマセット・モームの自伝的長編小説を刊行します。この作品、旧訳では『人間の絆』と訳され続けてきました。タイトルまで「新訳」は光文社古典新訳文庫でも久しぶりです。訳者・河合祥一郎さんによれば、最初に翻訳されたときと今では「絆」という言葉の捉え方が変わっているのだとか。もともと「断つことのできない結びつき」「束縛」の意味も内包していたけれど、現代では「大切な結びつき」「一体感」などポジティブな意味で受け取られているのだと。主人公フィリップが自身の感情に支配され、友情と恋愛のままならなさに翻弄されるその様はなるほど「束縛」あるいは「しがらみ」と捉えるのが正しいようです。その一方で、人生の一場面一場面におけるきらめきも生きるという感覚も「しがらみ」とともにある――傑作として愛されてきた理由はモームがこの両面を描き切ったことに他なりません。読み応え抜群の「しがらみ」をご堪能あれ。

コスミック時代文庫

長崎で西洋医学を学んだ沢村伊織が、知識と推理で難事件に挑む、永井義男『秘剣の名医／蘭方検死医 沢村伊織』シリーズ。いわば江戸版の検視官・科捜研モノとして好評を博していますが、2月に最新刊となる十一作目が発刊予定です。江戸の風俗や医学のイロハが参考になる巻頭の図版も必見。そして、某藩の若さまが秘伝の忍術を会得し、霧隠才蔵の生まれ変わりとして悪を懲らしめる奇想天外な痛快時代、聖龍人の『殿さま忍者』シリーズ。派手な立ちまわりや仕掛け、なにより濃いキャラクタ同士が繰り広げる、切ない恋模様や絶妙な会話のやりとりが魅力の、大人気作です。このほか近刊では、凄腕の隠密が人情長屋モノの主人公となった中岡潤一郎『伝説の隠密』シリーズや、頭脳明晰な切れ者同心が躍動する風野真知雄『同心亀無剣之介』シリーズ、異色の最強タッグが江戸の悪をあばく井川香四郎『逢魔が時三郎』シリーズも最新作を発行する予定です。

実業之日本社文庫

編集F Bリーグ残留できるかな？

編集K 21年は『フーガはユーガ』もあったし大丈夫じゃないすか？

編集F 伊坂幸太郎さんは『砂漠』の春夏秋冬4種類のカバーが揃ったね。

編集K 新装版で19刷23万部はすごいっすよ？ 原田マハさん『総理の夫』、今野敏さん『潜入捜査』シリーズ、中山七里さん『嗤う淑女』シリーズと、今年は新装版の当たり年でした。

編集長S 今年、文庫のキャッチを「推し本、あります。」に変更したけど新潮や祥伝社が既に「推し」フェアやってて焦ったってこともあったね。

編集K でしたね（笑）。今後の注目は12月刊の『臆病な僕らは今日も震えながら』。TikTokでも話題の汐見夏衛さんの書き下ろしで、4月からスタートしたライト文芸レーベル「実業之日本社文庫GROW」期待の一冊です。

編集F 来年は貫井徳郎さん『罪と祈り』も文庫化、阿川大樹さん『終電の神様』も新作を準備中だよ。

編集K Bリーグ順位上げたいっす！

集英社文庫

2022年も集英社文庫はバラエティに富んだラインナップです！

佐々木譲さんの歴史改変SF『抵抗都市』が1月に、大人気時代小説シリーズ野口卓さん『めおと相談屋奮闘記 六』が1月、上田秀人さん『辻番奮闘記 四』が2月に刊行されます。3月は伝説のサスペンス、シリーズ完結作、逢坂剛さんの『百舌落とし』、4月は、江國香織さんの少女たちの友情が濃やかに描かれるロードノベル『彼女たちの場合は』、小路幸也さんの人気シリーズ『イエロー・サブマリン 東京バンドワゴン』、集英社文庫初登場・武田綾乃さん、映画連動作『BUBBLE』と注目作目白押し！ 話題の映像化も！

そして、2022年5月には創刊45周年を迎えます。村山由佳さんや朝井リョウさん、堂場瞬一さんら小説すばる新人賞作家による作品、『学校の怪談』アンソロジーや、北海道アンソロジーなどの豪華作品、名作の復刊、その他シークレット企画などもあります。乞ご期待！

集英社オレンジ文庫

『物語好きのあなたに贈る、ライト文芸レーベル』として誕生したオレンジ文庫は創刊7周年。2022年も大ヒットシリーズ『後宮の烏』『これは経費で落ちません!』『宝石商リチャード氏の謎鑑定』の最新巻を刊行予定です。

日常を彩るドラマだけでなく、作り込まれたファンタジーシリーズも、現在多数刊行中! 古代和風ファンタジー『神招きの庭』や本格中華寵愛史劇『後宮史華伝』シリーズ、少女騎士の成長を描いた『リーリエ国騎士団とシンデレラの弓音』など、様々な世界観の中で活躍する少女の姿は胸を打ちますが……主役は少女だけではありません。定年を一年後に控えた大手物流会社の配送員の奮闘を描いた『ラストワンマイル』は密かな名作です。

性別、年齢問わず、幅広く楽しめるレーベルに、新しい風を吹き込み続けるノベル大賞の受賞作は、春ごろ刊行予定。1700通を越える応募から選ばれた泉サリ氏と柳井はづき氏のデビュー文庫に、どうぞご注目ください!

小学館文庫

累計34万部突破、全国書店で大反響を巻き起こしたまさきとしか氏の『あの日、君は何をした』シリーズ第二弾。クリスマスイブの夜、新宿区の空きビルの一階で女性の遺体が発見された。五十代と思われる女性の着衣は乱れ、身元は不明。警視庁捜査一課の三ツ矢秀平と戸塚警察署の田所岳斗は再びコンビを組み、捜査に当たる。そして、女性の指紋が、千葉県で男性が刺殺された未解決事件の現場で採取された指紋と一致。名前は松波郁子、ホームレスだったことが判明する。予想外の接点で繫がる二つの不可解な事件の真相とは――!? "変わり者"の天才刑事・三ツ矢が注目するのは、殺された男性の妻が出窓に飾るフラワーアレンジメントとSNSの投稿。「殺されていい人などいない」と言う三ツ矢の執念の捜査からは目を離すことができず、怒濤の展開にページを捲る手が止まらない。そして、真実を知った瞬間、景色が一変する。家族の崩壊を描き、幸せの意味を問う圧巻のミステリ。

祥伝社文庫

祥伝社文庫の強みは、やはり時代小説。辻堂魁先生の「風の市兵衛」、小杉健治先生の「風烈廻り与力・青柳剣一郎」、今村翔吾先生の「羽州ぼろ鳶組」、神楽坂淳先生の「金四郎の妻ですが」など充実のラインナップです。

十一月刊では二つの新シリーズがスタート。馳月基矢先生の『伏竜 蛇杖院かけだし診療録』は、腕はあるけど悪名高い医師ばかりが揃う診療所を舞台に、医道を志す若侍の一所懸命な姿を描いた感動作です。

もう一作は、五十嵐佳子先生の『女房は式神遣い! あらやま神社妖異録』。ったら往年の名ドラマから着想を得ました。女房は魔女ではなく、式神遣いという楽しい設定。思い悩む人や妖怪、神様にも寄り添う、優しい物語です。

さらに十二月には、日本歴史時代作家協会賞《シリーズ賞》を受賞された、有馬美季子先生の新作『つごもり淡雪そば 冬花の出前草紙』が刊行されます。乞うご期待、です。

新潮文庫

横山秀夫氏の新境地ともいえる長篇ミステリー『ノースライト』、畠中恵氏しゃばけシリーズ20周年記念の掉尾を飾る痛快無比のスピンオフ『またあおう』、同シリーズ派生オリジナル、カラー写真がたっぷりはいったレシピ集『しゃばけごはん』、アイドル時代から現在までの日常を綴った講談社エッセイ賞受賞の名エッセイ、小泉今日子氏『黄色いマンション 黒い猫』が年内注目の四冊。年明けからは、11月に急逝された瀬戸内寂聴氏の『老いも病も受け入れよう』、恩田陸氏の不思議な味わいの傑作短編集『歩道橋シネマ』、赤川次郎氏の永遠の名作『ふたり』の、感動の続編『いもうと』、神奈川県警刑事部長に着任した竜崎伸也の活躍を描く、今野敏氏著『清明 隠蔽捜査8』、辻村深月氏の大ベストセラー『ツナグ』の続編で、感涙必至の逸品『ツナグ 想い人の心得』が予定されています。現時点では書名を明かせない隠し玉も多数取り揃えています。令和四年も新潮文庫から目が離せません。

新潮文庫nex

2021年に登場し話題を呼んだ、三川みり氏によるまったく新しい男女逆転宮廷ファンタジー『龍ノ国幻想1 神欺く皇子』。読者や書店員から熱烈な支持を得て、発売後即重版が決まりました。その続編『龍ノ国幻想2 天翔る縁』が早くも12月に登場。主人公・日織が直面する新たな試練とは。そして翌月にもまた注目作品が。『52ヘルツのクジラたち』で新・本屋大賞受賞作家となった町田そのこ氏が、門司港のコンビニを舞台に愛すべき人間模様を描くシリーズの第二弾、『コンビニ兄弟2』。今度は門司港に恋の嵐が吹き荒れる！ さらには七月隆文氏の「ケーキ王子の名推理」シリーズの最新刊も!? また9月に迎える新潮文庫nex8周年には、知念実希人氏の超人気シリーズ「天久鷹央シリーズ」の最新刊も刊行予定。その他、あの直木賞受賞作家の知られざる初期作品の新装版など、サプライズ作品も。新潮文庫nexの強力新刊にどうぞご期待ください！

創元SF文庫

国内SFでは笹本祐一〈星のパイロット〉四作品を順次再刊、引き続き次世代を主人公にした書下し続編新作を予定。大反響をいただいたトリビュートアンソロジー続刊『銀河英雄伝説列伝・2』も進行中。アニメ『ゼーガペイン』のスピンオフ第二弾、高島雄哉『エンタングル：ガール』文庫化、日下三蔵編『黎明期日本SF傑作選』にも注目。

海外SFではジェイムズ・P・ホーガン『未踏の蒼穹』に始まり、人に造られしモノをテーマとした『AIロボットSF傑作選』や圧倒的な宇宙スケールの物語をテーマとした『宇宙サーガSF傑作選』など好評アンソロジー新刊、大人気《マーダーボット・ダイアリー》シリーズ第三弾『逃亡テレメトリー』、そしてN・K・ジェミシンの三部作全作がヒューゴー賞受賞の完結編『輝石の空』、ユーン・ハ・リーの三部作のやはり完結編『蘇りし銃』などを準備中。（タイトルはすべて仮題です）

創元推理文庫

海外ミステリはご存じA・ホロヴィッツのホーソーン・シリーズ第三弾A Line to Killと、『自由研究には向かない殺人』の続編であるH・ジャクソンGood Girl, Bad Bloodに大注目。私立探偵小説の名手S・J・ローザン久々の紹介となるPaper Son、『そしてミランダを殺す』のP・スワンソン『アリスが語らないことは』、『死んだレモン』のF・ベル新作、『失踪者』のC・リンク『裏切られた女（仮）』なども刊行します。〈名作ミステリ新訳プロジェクト〉にも引きつづきご期待を。

国内ミステリでは今村昌弘『魔眼の匣の殺人』が文庫化し、笠井潔『オイディプス症候群』が創元推理文庫入りします。〈日本ハードボイルド全集〉は河野典生、仁木悦子、結城昌治と出て傑作集で全七巻が完結。

ファンタジイは廣嶋玲子『妖怪の子、育てます』で大江戸妖怪ものの第二シーズンが開幕します。幻想小説は〈赤江瀑アラベスク〉全三巻がそろい踏みしました。

草思社文庫

草思社文庫はおかげさまで現在10年目、2022年2月で11年目に突入します。

それにあわせて、というわけではないですが、12月1日配本で、単行本刊行時に大反響をいただいた『生き物の死にざま』を刊行しました！　子を思う母ダコの最期、空を見ることなく死んでいくセミなど、健気に懸命に生を全うする生き物たちの姿が静かな感動を呼び、芸人のカズレーザーさんに「泣かせにくる科学エッセイ」とご紹介いただいた一冊。2月には姉妹編『生き物の死にざま　はかない命の物語』も文庫になりますので、ぜひ2冊あわせてどうぞ。

また、草思社文庫は『銃・病原菌・鉄』をはじめとして読み応えのあるノンフィクションも充実しています。最近のオススメは『対比列伝　ヒトラーとスターリン　全4巻』。20世紀の二大独裁者の人生を、巧みなストーリーテリングで描く圧巻の歴史ノンフィクション。年末年始にぜひ！

宝島社文庫

『このミステリーがすごい！』大賞は二〇二二年一月七日発刊予定の『特許やぶりの女王　弁理士・大鳳未来』南原詠・著にて、節目の二十回を迎えます。そこで、シリーズ累計五十万部突破の第十九回大賞『元彼の遺言状』新川帆立・著をはじめ、歴代受賞作の文庫版を揃えた『このミス』大賞文庫フェアが一月下旬からスタートします。

第二十回『このミス』大賞の文庫グランプリは密室の量と質で読者を圧倒する『館と密室（仮）』鴨崎暖炉・著が二月四日発刊予定です。これでもかという密室づくしの趣向が楽しく、探偵役の少女も謎めいていて魅力的。大きなツイストが仕込まれ、予測不能な方向へと大胆に振り切った受賞作です。

一月八日には、横山秀夫氏にご推薦いただいた『看守の流儀』城山真一・著が文庫化予定。さらに、十周年を迎える人気シリーズ「珈琲店タレーランの事件簿」岡崎琢磨・著の新刊も三月四日発刊予定です。バリスタ・美星さんの推理が冴えわたります。

竹書房文庫

メインとなる竹書房文庫では翻訳ものを中心に国内小説なども刊行。ほかに3つのレーベルがあり、実話怪談の怪談文庫、海外ロマンスのラズベリーブックス、官能小説のラブロマン文庫があります。翻訳ものではロリンズの〈シグマフォース〉シリーズ新刊の Kingdom of Bones やギリシャSF傑作選、輪廻転生中国ミステリ『忘却の河』などが刊行予定。怪談文庫では体験者の実在する恐怖譚を毎月29日に5冊刊行。各都道府県の怪奇伝承を蒐集した地域怪談本特集「ご当地怪談ベストフェア」を12月中旬に開催。15周年を迎えるラズベリーブックスは偶数月10日に新刊発売。Netflixの人気ドラマ原作〈ブリジャートン家〉シリーズも新装版で続々刊行中です。官能小説は竹書房文庫・ラブロマン文庫にて毎月4冊を刊行中。心を癒す性愛エンターテインメントを取り揃え、年末はベスト文庫フェアを行います。どうぞよろしくお願い致します。

ちくま文庫

２０２２年最高に濃密な読書体験まちがいなし！『ベルリンは晴れているか』（深緑野分著）。単行本刊行当時次々と話題を巻き起こし、２０１９年本屋大賞第三位、第１６０回直木賞候補、第９回Twitter文学賞第１位（国内編）など各所騒然となった本書がついに文庫化。第二次世界大戦直後のドイツを舞台にした圧倒的スケールの歴史ミステリです。２０２２年３月の刊行予定ですので、お楽しみに。

昨年の刊行から一年で16万部を突破した『向田邦子ベスト・エッセイ』（向田和子編）や、累計２５８万部突破＆「東大・京大で一番読まれた本」で話題の『思考の整理学』（外山滋比古著）など、時代を経ても読まれ続ける不変のロングセラーがたくさんあります。日本文芸、思想、エッセイの他にも、日本・海外の古典文学をはじめコミックやサブカルチャー、異色の名作から幻の傑作まで、ちくま文庫なら、きっとあなたのお気に入りの一冊が見つかるはず！

ちくま学芸文庫

２０２１年10月にちくま学芸文庫から飛び出した最強の話題本はこれだ！『着眼と考え方 現代文解釈の基礎〔新訂版〕』（遠藤嘉基・渡辺実著）。本書解説の読書猿さんが著書『独学大全』（ダイヤモンド社）でも「復刊を希望する」と触れていた、伝説の参考書がついに復刊。刊行後即SNSやメディアでも話題を呼び、わずか一か月で３万部を突破しました。現代文が苦手な学生から、正確な読解力を身に付けたい大人まで、現代文を学ぶ至高の参考書です。

ちくま学芸文庫は、知的好奇心を満たす「古今東西の名著」が勢ぞろい。なかでも『日本の歴史をよみなおす（全）』（網野善彦著）は、日本中世の真実とその多彩な横顔をいきいきと平明に語った30万部突破のロングセラー。またハンナ・アレントの主著である、《労働》優位の近代世界を思想史的に批判した『人間の条件』もおすすめ。社会、哲学、思想などの人文系から、数学や物理学などの理数系まで、確かな教養を身に付けるならちくま学芸文庫で。

中公文庫

中公文庫では近年、文庫オリジナルの短篇アンソロジーに力を入れています。忙しい人でも短い時間で読み味のいい作品が楽しめる本をお届けしたいと思っています。

二〇二一年は春から吉村昭/池上冬樹編『冬の道』『花火』、梅崎春生『ボロ家の春秋』、車谷長吉『漂流物・武蔵丸』のほか、『教科書名短篇』の「家族の時間」「科学随筆集」を刊行しました。

編集部イチオシは、荒川洋治編『昭和の名短篇』です。荒川さんはこれまでに「小説新潮」と「新潮」の別冊で二冊アンソロジーを編集されていますが、今回は戦後（一九四五年八月〜八九年一月）に限り、ベストを選んでいただきました。収録作はいずれも納得の逸品揃い、決定版です。

二二年は、長野まゆみさんが十代で愛読した「お耽美」作品をセレクトする『私的耽美作品集（仮）』、荻原魚雷さん編集の尾崎一雄『新編閑な老人』、南陀楼綾繁さん編『中央線小説アンソロジー（仮）』を予定しています。

DOJIN文庫

DOJIN文庫は2021年7月に創刊した新米レーベルです。個性豊かな各社文庫レーベルのなかにあって、サイエンス中心の異彩を放つレーベルかと思います。サイエンスに軸足を置きつつも、扱うテーマは多岐に渡ります。創刊からのテーマを見ると、「仏教」「料理」「フェイクニュース」「犯罪心理学」「地球史」と、なかなかの振り幅です。サイエンスを強調しておきながら、1巻目のテーマがなぜ仏教かと訝しがる向きがあるかもしれません。そのつながりは、ぜひ本をお手に取って確かめてください。

さて、DOJIN文庫の最新刊は『ほんとうの「食の安全」を考える』（畝山智香子著）です。食をめぐっては、「〇〇は危険！」「△△はスゴい！」という情報をよく目にしますが、それを鵜呑みにするのではなく、少し立ち止まって吟味する際の指針となる1冊です。

これからも、知的好奇心をくすぐる良質のサイエンスの知識を提供していきます。どうぞお見知りおきのほどを。

徳間文庫

時代小説と警察小説を二本柱としている徳間文庫。両ジャンルの2022年イチオシ作品をご紹介します。時代小説では、上田秀人さんの書下し新シリーズが春ごろ始動予定！ 十一代将軍、家斉が幕臣に下した密命。それは、諸国有力者の「評判」を探れというものだった――。ぜひご注目ください。夏には、人の生死に寄り添う葬儀屋の青年を描き好評を博した、梶よう子さんの『とむらい屋颯太』『とむらい屋颯太 漣のゆくえ』が連続刊行されます。警察小説では、累計33万部突破の人気作、鈴峯紅也さん『警視庁公安J』シリーズ待望の新作が2月に刊行予定。警察小説史上最強の捜査官、小日向純也に立ちはだかる敵とは!? 3月には、『脳科学捜査官 真田夏希』などでヒットを飛ばす鳴神響一さんの新シリーズがスタートします。主人公は、全国を旅しながら難題を解決する女性監察官。新機軸の「旅情＋警察ミステリー」に期待大。最後に過去の名作復刊企画「トクマの特選！」にもご注目を！

ハーパーBOOKS

　世界中の旬のエンタメ&ミステリーをお届けする文庫レーベル、ハーパーBOOKS。今シーズンも超大物作家ジェフリー・アーチャーを筆頭に話題作目白押しです。全英1位に輝いたアーチャーの新作『まだ見ぬ敵はそこにいる　ロンドン警視庁麻薬取締独立捜査班』は、若き警官が大物犯罪者らと対決しながらスコットランドヤードの階段を上っていく圧巻の警察小説シリーズ。21年末を皮切りに毎年新作を刊行予定です。初夏にはドン・ウィンズロウ兄貴の新3部作第1弾が登場！80年代米国を舞台にマフィアの抗争を描く *City on Fire* は熱さ泥臭さ全開の骨太クライムサーガです。さらに本の雑誌が選ぶ2019年度文庫ベストテン第1位を獲得した『戦場のアリス』著者ケイト・クインにもご注目。第二次大戦の戦争犯罪人を追った『亡国のハントレス』に続き、暗号解読に携わる女性たちの物語 *The Rose Code* がお目見えしますよ。

ハヤカワ文庫SF

　二〇二二年の早川書房の海外SF文庫は、アンドレアス・エシュバッハ『NSA』からスタートです。携帯電話とインターネットが発展したナチスドイツを舞台に、すべてのデータを監視する国家保安局NSAを描いた歴史改変SFです。夏ごろにはメアリ・ロビネット・コワル《レディ・アストロノート》第三作『月にて＊』、アーカディ・マーティーンの宇宙を舞台にした陰謀劇『帝国という名の記憶』の続篇『平和という名の荒廃＊』を刊行予定。また、あの超話題作がいよいよ待望の文庫化……かも。そして〝メタバース〟で話題のニール・スティーヴンスン『スノウ・クラッシュ』が年明け早々に待望の復刊！

　FT文庫ではNetflixでのドラマ化も大好評な、アンドレイ・サプコフスキ《ウィッチャー》の第二短篇集を春に。ほか、タムシン・ミュアによる女剣士の冒険を描くダーク・ファンタジイ『第九のギデオン＊』などなど何作品か待機中。乞ご期待！（＊は仮題）

ハヤカワ文庫JA

　いま話題の樋口恭介編のアンソロジー『異常論文』で1500番に到達した国内作家専門レーベル、ハヤカワ文庫JAです！　記念すべきJA1番の小松左京『果しなき流れの果に』ほか、筒井康隆、半村良、平井和正、眉村卓、光瀬龍の初期作品による復刊フェアも開催中。

　二〇二二年の文庫JAは、乙野四方字『僕愛』『君愛』の劇場アニメ化にあわせてスピンオフ作品を刊行。ほか、上田早夕里、冲方丁、小川一水、高千穂遙（クラッシャージョウ！）、飛浩隆、林譲治らのシリーズ新作。文庫化では、伴名練『なめらかな世界と、その敵』、小川哲の直木賞候補作『嘘と正典』など。逢坂冬馬『同志少女よ、敵を撃て』で注目のクリスティー賞、SFコンテスト関連作品も続々と。アンソロジーは日本SF作家クラブ編の第二弾『2084年のSF』ほか何冊か。あと、単行本にて『ハヤカワ文庫JA総解説1500』も刊行。こちらもぜひ。（文中敬称略）

ハヤカワ・ミステリ文庫

二〇二二年のハヤカワ・ミステリ文庫は、世界の話題作が続々登場。あらゆる書評誌で激賞を浴びたタナ・フレンチの『The Searcher』は、アイルランドを舞台にした重厚なクライム・ノヴェル。西部劇映画の名作『捜索者』をオマージュに元警官の男が失踪人を探す筋立ての本作は、春ごろに刊行予定。アメリカ先住民居住地の薬物犯罪を描き、アンソニー賞などミステリ新人賞五冠に輝いたデイヴィッド・ヘスカ・ワンブリ・ワイデン『Winter Counts』は夏に登場です。そのほかマイケル・ロボサムの『天使と嘘』につづくシリーズ第二作『When She Was Good』や、エラリイ・クイーンの名作本格ミステリ『ダブル・ダブル』『靴に棲む老婆』の新訳版なども盛り沢山。ハヤカワ文庫NVからもドン・ウィンズロウ絶賛の航空スリラー『Falling』(T・J・ニューマン)や、Amazonドラマ化も決定のSEAL指揮官による壮絶な復讐劇である『The Terminal List』(ジャック・カー)など注目作揃いです!

ハルキ文庫

ハルキ文庫は、お陰さまで二〇二二年の五月で創刊二十五周年を迎えます。同月には、佐々木譲さんの大ベストセラー道警シリーズの最新刊『雪に撃つ』、貴志祐介さんの話題作『我々は、みな孤独である』、単行本で続々重版した森沢明夫さんの『おいしくて泣くとき』、八月には、直木賞候補作で湊かなえさんの新たな代表作『落日』、群ようこさんのロングセラーシリーズ「れんげ荘物語」5巻『おたがいさま』、今野敏さんの「帝都争乱　サーベル警視庁②」など強力ラインナップが続々刊行予定です。また人気シリーズも目白押しです。二一年十一月には鳴神響一さんの『S-S　丹沢湖駐在　武田晴虎II　聖域』、十二月には渡辺裕之さんの『9-1-代理店③　テリブル』、来年一月には、山口恵以子さんの「食堂のおばちゃんII」『夜のお茶漬け』、数多久遠さんの「航空自衛隊　副官怜於奈3」、佐藤青南さん「ストラングラー」の第2弾『死刑囚の告白』など……春以降もお楽しみに。

ハルキ文庫 時代小説文庫

二〇二一年十一月に大人気上田秀人さんの「日雇い浪人生活録」12巻『金の穽』、十二月に和田はつ子さんの平成・令和のベストセラー「料理人季蔵捕物控」第42弾『団十郎菓子』、著者初の時代小説で続々重版の柴田よしきさん「お勝手のあん」シリーズの『あんの夢』、角川春樹小説賞受賞者・櫻部由美子さんの「出直し神社たね銭貸し」の2巻『神のひき臼』、1巻は、多くの書店の方の応援も頂き重版しました。二二年前半は、「みをつくし料理帖」に続くベストセラー髙田郁さん「あきない世傳　金と銀」の第12弾、知野みさきさんの人気シリーズ「神田職人えにし譚」の第4巻、コミック化もされて益々絶好調、今村翔吾さんの「くらまし屋稼業」シリーズの8巻、中島要さんの新境地「大江戸少女カゲキ団」の完結巻、坂井希久子さんの「花暦　居酒屋ぜんや」の2巻、中島久枝さんの「一膳めし屋丸九」の8巻など。また強力新シリーズも予定しています。どうぞご期待下さい。

PHP文芸文庫

宮部みゆきさんが「ずっと書き続けていきたい」と語る、「きたきた捕物帖」の第一巻が三月に文庫化されます。その後に単行本で発刊される二巻と併せてお楽しみください。

その他にも、人気シリーズが目白押し。笑いと人情にあふれた累計百四十万部突破のヒット作、畠山健二さんの「本所おけら長屋」、長屋で一番偉い猫・サバが事件を解決する、田牧大和さんの「鯖猫長屋ふしぎ草紙」、元占い師のおでん屋の女将が男女の縁を見る、山口恵以子さんの「婚活食堂」、京都本大賞を受賞した天花寺さやかさんの「京都府警あやかし課の事件簿」、白川紺子さんの「京都くれなゐ荘奇譚」などの最新巻が続々発刊予定。

新シリーズとしては、二〇二一年十一月から、無類の温泉好きだった徳川吉宗を主人公とした、風野真知雄さんの「いい湯じゃのう」がスタート。また、テレビ番組など各種メディアで大人気の、氏田雄介さんの「54字の物語」の文庫化も控えています。

扶桑社海外文庫

ミステリー、ロマンス、ホラーの翻訳書籍を中心とする「扶桑社海外文庫」。ここでは、2022年刊行予定の「扶桑社ミステリー」から期待作を何本かご紹介します。

まず1月には、クリント・イーストウッド主演映画の原作本、N・リチャード・ナッシュの『クライ・マッチョ』が、映画公開日ごろに刊行予定。少年を連れて敵中突破を図る男の大陸横断行を描くノワーリッシュな一作です。

春ごろには、巨匠スティーヴン・ハンターによるスワガー・サーガ最新作『Targeted』が控えています。ボブ・リーが今回どんな活躍ぶりを見せてくれるのか、胸の高まりがとまりません。『レオ・ブルース短編全集』は、図書館からタイプ原稿の状態で発見された未発表短編10編を含む真の「完全版」。世界初刊行となる好事家垂涎の逸品です。その他、超有名SF作家の未邦訳長篇など、意外な隠し玉も続々待機中。扶桑社の2022年にぜひご期待ください!

双葉文庫

21年は湊かなえさん「未来」、青柳碧人さん「むかしむかしあるところに、死体がありました。」、「夜に駆けるYOASOBI小説集」の文庫化など、話題作続きの双葉文庫。2022年も注目作が目白押しです! 20年の本屋大賞ノミネート作で単行本累計15万部を突破した知念実希人さん「ムゲンのi」が待望の文庫化! また、シリーズ累計163万部突破の雫井脩介さん大人気シリーズ「犯人に告ぐ」の第3弾「紅の影」文庫化などを予定しております!

また、21年8月に刊行後ロングヒットとなっているアンソロジー「ほろよい読書」はシリーズ化を予定。次作はどんなテーマになるのか、ご期待ください!

他にもまだまだお伝えできないですが映像化作品や期待作を予定しております。来年で2周年を迎える新キャラクターたばぶーがご案内する公式ツイッター(@futababunko)を是非ともフォローいただき続報にもご注目ください!

双葉文庫 時代小説

絶好調の佐々木裕一さん「新・浪人若さま 新見左近」シリーズですが、2022年は満を持して「浪人若さま新見左近」全巻の決定版刊行をスタート。1月の両シリーズ同時刊行を皮切りに、18カ月連続で「新見左近」がお目見得します！ まさに2022年は「浪人若さま」祭りです!! 様々な企画も検討中です！ 乞うご期待！

また、NHKBS時代劇でのドラマ化も大好評だった幡大介さん「大富豪同心」シリーズ続刊や早くも累計30万部超えのヒットシリーズ、井原忠政さん「三河雑兵心得」、いよいよ20巻に突入の千野隆司さん「おれは一万石」シリーズの続刊もお楽しみに！

他にも始動したばかりの坂岡真さん「はぐれ又兵衛例繰控」、金子成人さん「ごんげん長屋つれづれ帖」、馳月基矢さん「拙者、妹がおりまして」など版を重ねる期待の新シリーズの今後にもご期待ください！

2022年も勢いのある双葉文庫の時代小説をよろしくお願い致します！

二見文庫

「ザ・ミステリ・コレクション&ロマンス・コレクション」は翻訳ミステリ、サスペンス、ロマンス小説を刊行。米中関係が対立、緊張感が高まるなか2021年11月に元NATO欧州連合軍最高司令官が描く近未来小説「2034米中戦争」。現実に起こりうる可能性を孕んだ軍事ミステリ、好評発売中です。

2022年に創刊25周年を迎えるボーイズラブレーベル「シャレード文庫」はベテラン作家の人気シリーズ等、多彩な作品を刊行。その他ティーンズラブレーベル「ハニー文庫」、キャラクター文芸レーベル「二見サラ文庫」、官能小説レーベル「マドンナメイト文庫」、マドンナメイト文庫よりソフトなカバーで手に取りやすい「二見官能小説文庫」、教養・雑学レーベル「二見文庫」、2022年、創刊16周年の「二見時代小説文庫」は実力派、俊英の人気シリーズを刊行。「二見ホラー×ミステリ文庫」も加わり多彩なジャンルの刊行を続々発売していきます。

文春文庫

12月刊行では、200万部超えのヒット作『神様の御用人』の浅葉なつさんが構想に4年をかけた神話ファンタジー『神と王』がスタート！ 国が滅亡する時、歴史学者の青年は王太子から宝珠「弓の心臓」を託された——。「古事記」から着想を得た壮大な物語は、緻密に設定された世界観と、個性的なキャラクターたちの魅力爆発。イラストは『キングダムハーツ』『FFXIII』に携わった岩佐ユウスケ氏。

葉室麟さんの未発表小説『約束』はSF歴史時代物のジュブナイル。東京都内の高校生仲良し四人組が、明治維新直後の日本で意識を取り戻す。かつてのNHK少年ドラマシリーズを思わせる設定のエンタテインメント。

オードリー若林正恭さんの大ベストセラー『ナナメの夕暮れ』も新たなエッセイを加えて待望の文庫化。

1月には佐伯泰英さんの「空也十番勝負」の新たな書下ろし『異変ありや』。さらにスケールアップした空也の冒険が3年ぶりに再始動します。

法蔵館文庫

法蔵館文庫が浮沈激しい出版界の荒波に漕ぎ出し、早くも三年目に突入した。今のところ難破も撃沈もすることなく、知の航海を続けられている。おかげさまで刊行点数は三十点を数え、書店での配架も少しずつ変化が見られるようになった。十一月には『改訂歴史のなかに見る親鸞』『東洋の合理思想』の二点を刊行することができた。

『改訂〜』は、中世史研究者である平雅行氏が、親鸞の生涯を講演調で分かりやすく語る。文庫化にあたり大幅な改訂増補を施しお目見えとなった。内容は無論極上、わけても「あとがき」は必読である。史学的親鸞論の白眉といってよいだろう。

『東洋の〜』は、ウィトゲンシュタインを我が国に紹介した末木剛博氏が、東洋思想の根幹に「楕円の思考」を見出す壮大な思考実験だ。今年生誕百年を迎えた同時代の哲学者大森荘蔵の一連の思索とも併せ読みたい一冊だ。

来年もユニークな素材を文庫化し、面舵いっぱいで航海を続けたい。

ポプラ文庫

2008年に創刊したポプラ文庫では、「読めば、気持ちがじんわりほっこり温まる」。そんな物語を取り揃えています。12月には『流浪の月』で本屋大賞を受賞した凪良ゆうさんの『わたしの美しい庭』を刊行。マンションの屋上庭園の奥にある「縁切り神社」を舞台に、生きづらさを抱える人たちの姿をやさしく描いた感動作です。1月にはライト文芸レーベル「ポプラ文庫ピュアフル」から人気シリーズの続巻が刊行。累計25万部のいぬじゅんさんの「冬」シリーズの最新刊『いつかの冬、終わらない君へ』と、デビュー作の『余命一年と宣告された僕が、余命半年の君と出会った話』が10万部突破のヒットとなった森田碧さんの『余命99日の僕が、死の見える君と出会った話』。両作とも、読後に深い感動が訪れる「いのち」をめぐる素敵な物語です。どの作品も読者のみなさまに楽しんでいただける自信があります。ポプラ文庫をどうぞよろしくお願いいたします。

毎日文庫

毎日文庫2022年イチオシは小川糸さんの『針と糸』。ベルリン生活の中で「ひと針、ひと針」紡がれた丁寧に生きることの大切さを教えてくれるエッセーです。髙樹のぶ子さん『ほとほと　歳時記ものがたり』は生者と死者が往来する不思議な世界観の中でくりひろげられる感涙必至の短編小説集。文庫化を機にもっとたくさんの人に読んでもらいたいです。石田衣良さん『不死鳥少年　アンディ・タケシの東京大空襲』もおすすめ。あの戦争は何だったのか？　問いかける名作です（いずれも1月刊）。原田マハさん『やっぱり食べに行こう』、黒木亮さん『島のエアライン』、益田ミリさん『永遠のおでかけ』など既刊も好評。創刊3周年の毎日文庫、小説・エッセーを中心に刊行してきましたが2022年は文芸タイトル以外のものも予定しています。ご期待ください！

ヤマケイ文庫

ヤマケイ文庫は文庫の棚にはありません。文庫棚で展開していただいている書店様は一割もないと思います。山岳名著が中心なため、たいてい実用書や山岳・アウトドアの棚にあります。しかし山の本だけではありません。ほとんど知られていませんが背の下のカラーで青色が山岳、黄色が自然、赤色が歴史と分かれています。黄色の文庫は理工書の棚にもピッタリです。自然好きな方はぜひ黄色に注目して下さい。

そんなヤマケイ文庫のおすすめの一冊は、動物写真家の星野道夫さんが遺作『ノーザンライツ』の中で、尊敬の念をこめて「アラスカの自然を詩のように書き上げた名作」と評した幻の名著、ウィリアム・プルーイット著『極北の動物誌』（2021年12月中旬発売予定）です。著者のW・プルーイットがいなければ、アラスカは核実験で汚染されていたという逸話もあり、レイチェル・カーソンのような格調高い文章で、読者を極北の豊かな自然の世界にいざなってくれます。

●本の雑誌社の本●

本の雑誌編集部編　別冊本の雑誌20

10代のための読書地図

上から目線でもなく、教育目線でもなく、ただただ面白い本を薦める「本の雑誌」目線で作る、10代のためのブックガイド、ついに誕生！　面白い本に出会えたら君は必ず本を好きになる。

A5判並製280頁　定価1980円（税込）

橋本倫史

東京の古本屋

有名どころから街場の店まで、10店の古本屋それぞれに3日間密着取材した古本屋の仕事日記。東京古書組合や即売会の運営も登場。古本屋の生活から知らなかった東京の姿を見つめるルポルタージュ。

四六判並製360頁（カラー16頁含）　定価2200円（税込）

WEB 本の雑誌

さらにググッとくわしい「本の雑誌の本」情報は！

「本の雑誌社最新刊」■ http://www.webdoku.jp/kanko/

☆書店で見かけない場合は直接当社に現金書留または郵便振替（00150・3・50378）にてお申込み下さい。（送料当社負担）

並べてみた！
「文庫売上げベスト一〇〇」
神保町の老舗書店が誇る、唯一無二のランキング。

●日販オープンネットワークWIN調べ
○東京堂書店神田神保町店

☆総合書店ながら独自のランキングを誇る東京堂書店神田神保町店。【日販オープンネットワークWIN調べ】からお借りした一般的なベストセラーランキングと並べてみると違いは一目瞭然。全国区のベストセラーと神保町発300坪の中規模店、何がどうしてこんなに違うのか。東京堂書店神田神保町店の佐瀬芽久美店長と振りかえる我が道を往くベスト100と2021年の文庫あれこれ。

CD：鈴木成一デザイン室

装丁：大久保明子

——一年のベスト100を振りかえってみてどうですか。全国区のベストランキングである日販さんの同時期のデータを並べてみました。

佐瀬　全国的に売れているものとここまで被らないとは。びっくりです。

——ぜんぜん被らない。えーと、重複しているのは数点だけですね。東野圭吾も佐伯泰英も見当たらないです。

佐　ちゃんと置いているんですけどね。

——『そして、バトンは渡された』『JR上野駅公園口』『ぼくはイエローでホワイトで、ちょっとブルー』『あきない世傳 金と銀』十・十一巻、『身分帳』あたりが重なっています。

佐　つい自分の店のベストが当たり前と思っちゃうんですけど、こうして眺めると売れる銘柄が違うみたいです。うちは例えばレーベルで角川ならソフィア、講談社は学術文庫と文芸文庫が圧倒的に強くて。

——専門文庫に強い。こういう独特の売れ行きは昔から変わらず？

佐　そうですね。ただ店で売れるものを引き続き置いているだ

文庫売上げ一〇〇【二〇二〇年十一月～二〇二一年十月】

日販オープンネットワークWIN調べ

順位	書名	著者名	出	刊
❶	そして、バトンは渡された	瀬尾まいこ	文	20・09
❷	沈黙のパレード	東野圭吾	文	21・09
❸	マスカレード・ナイト	東野圭吾	集	20・09
❹	JR上野駅公園口	柳美里	河	17・02
❺	おもかげ	浅田次郎	講	20・11
❻	かがみの孤城 上	辻村深月	ポ	21・03
❼	魔力の胎動	東野圭吾	角	21・03
❽	余命3000文字	村崎羯諦	小	20・12
❾	護《まも》られなかった者たちへ	中山七里	宝	21・07
❿	桜のような僕の恋人	宇山佳佑	集	17・02
⓫	か「」く「」し「」ご「」と「	住野よる	新	20・10
⓬	ぼくはイエローでホワイトで、ちょっとブルー	ブレイディみかこ	新	21・06
⓭	ノーマンズランド	誉田哲也	光	20・11
⓮	かがみの孤城 下	辻村深月	ポ	21・03
⓯	未来	湊かなえ	双	21・08
⓰	あの日、君は何をした	まさきとしか	小	20・07

東京堂書店神田神保町店

順位	書名	著者名	出	刊
①	JR上野駅公園口	柳美里	河	17・02
②	愛についてのデッサン 野呂邦暢作品集	野呂邦暢	筑	21・06
③	飛ぶ孔雀	山尾悠子	文	20・11
④	神保町「ガロ編集室」界隈	高野慎三	筑	21・02
⑤	一九七二「はじまりのおわり」と「おわりのはじまり」	坪内祐三	文	20・12
⑥	片隅の人たち	常盤新平	中	21・01
⑦	向田邦子ベスト・エッセイ	向田邦子	筑	20・03
⑧	姫君を喰う話 宇能鴻一郎傑作短編集	宇能鴻一郎	新	21・08
⑨	理不尽な進化 遺伝子と運のあいだ 増補新版	吉川浩満	筑	21・04
⑩	三島由紀夫レター教室	三島由紀夫	筑	91・12
⑪	関西フォークがやって来た! 五つの赤い風船の時代	なぎら健壱	筑	21・05
⑫	ぼくはイエローでホワイトで、ちょっとブルー	ブレイディみかこ	新	21・07
⑬	ピンク映画水滸伝 その誕生と興亡 昭和の性文化7	鈴木義昭	間	20・12
⑭	ブルースだってただの唄 黒人女性の仕事と生活	藤本和子	筑	20・11
⑮	『新青年』名作コレクション	『新青年』研究会編	筑	21・04
⑯	慶応三年生まれ 七人の旋毛曲り 漱石・外骨・熊楠・露伴・子規・紅葉・緑雨とその時代	坪内祐三	講	21・01

イ＝文庫ぎんが堂、岩＝岩波文庫、M＝MF文庫J、角＝角川文庫、角ス＝角川スニーカー文庫、河＝河出文庫、幻＝幻冬舎文庫、講＝講談社文庫、光＝光文社文庫
S＝GA文庫、実＝実業之日本社文庫、集＝集英社文庫、主＝主婦の友文庫、小＝小学館文庫、祥＝祥伝社文庫、創＝創元文庫（つづく）

けなので、何が変わっているのかはあまり気にならないんです。よく「ランキングが変わっていて面白い」と言ってもらえるんだけど、世間的に売れているものを置いていないわけではないので、「?」と思っていました。でもこうして全国ベストセラーと並べてみると、そうか、と納得できました。うちのランキングはおかしい（笑）。

――一位は『JR上野駅公園口』。断トツです。これは日販オープンネットワークWINでも四位に。

佐　柳美里さんは元々、うちで人気のある作家さんなんですけど、全米図書賞の受賞で一気に弾けました。受賞が決まりましたってニュースが流れてすぐ、「ありますか」って問い合わせが来て。受賞帯に変わる前からどんどん売れていました。

――二位は野呂邦暢『愛につい

新＝新潮社文庫、ス＝スターツ出版文庫、宝＝宝島社文庫、竹＝竹書房文庫、筑＝ちくま文庫、中＝中公文庫、間＝人間社文庫、早＝ハヤカワ文庫、ハ＝ハルキ文庫
富＝富士見L文庫、双＝双葉社文庫、響＝文響社文庫、N＝文庫NEO、文＝文春文庫、ポ＝ポプラ社文庫、メ＝メディアワークス文庫、ワ＝ワイズ出版映画文庫

⑰	昨日がなければ明日もない	宮部みゆき	文	21・05
⑱	ファーストラヴ	島本理生	文	20・02
⑲	あきない世傳《せいでん》 金と銀 10合流篇	高田郁	ハ	21・02
⑳	わたしの幸せな結婚 5	顎木あくみ	富	21・07
㉑	麦本三歩の好きなもの 第一集	住野よる	幻	21・01
㉒	罪の声	塩田武士	講	19・05
㉓	青田波 新・酔いどれ小藤次 19	佐伯泰英	文	20・11
㉔	ひと	小野寺史宜	祥	21・04
㉕	余命10年	小坂流加	N	17・05
㉖	あの花が咲く丘で、君とまた出会えたら。	汐見夏衛	ス	16・07
㉗	三つ巴 新・酔いどれ小藤次 20	佐伯泰英	文	21・02
㉘	あきない世傳 金と銀 11風待ち篇	高田郁	ハ	21・08
㉙	ソードアート・オンライン25ユナイタル・リングIV	川原礫	電	20・12
㉚	むすびつき	畠中恵	新	20・11
㉛	初詣で 照降町四季 1	佐伯泰英	文	21・04
㉜	祇園会 新・吉原裏同心抄 4	佐伯泰英	光	21・03
㉝	本性	伊岡瞬	角	20・10
㉞	竜とそばかすの姫	細田守	角	21・06
㉟	己丑の大火 照降町四季 2	佐伯泰英	文	21・05

⑰	あきない世傳 金と銀 10合流篇	高田郁	ハ	21・02
⑱	追懐の筆 百鬼園追悼文集	内田百閒	中	21・02
⑲	雪の階（きざはし） 上	奥泉光	中	20・12
⑳	本当の翻訳の話をしよう 増補版	村上春樹 柴田元幸	新	21・07
㉑	香港・濁水渓 増補版	邱永漢	中	21・04
㉒	幻の女 ミステリ短篇傑作選	田中小実昌	筑	21・01
㉓	野呂邦暢ミステリ集成	野呂邦暢	中	20・10
㉔	金閣寺 新版	三島由紀夫	新	20・11
㉕	水瓶	川上未映子	筑	21・06
㉖	少しぐらいの嘘は大目に 向田邦子の言葉	向田邦子	新	21・04
㉗	狂気の山脈にて クトゥルー神話傑作選	H・P・ラヴクラフト	新	20・12
㉘	杉浦日向子ベスト・エッセイ	杉浦日向子	筑	21・09
㉙	ゴダール、わがアンナ・カリーナ時代 増補新版	山田宏一	ワ	20・12
㉚	ルポ川崎	磯部涼	新	21・05
㉛	革命前夜	須賀しのぶ	文	18・03
㉜	「本をつくる」という仕事	稲泉連	筑	20・11
㉝	読書からはじまる	長田弘	筑	21・05
㉞	パサージュ論 1	W・ベンヤミン	岩	20・12
㉟	私の少女マンガ講義	萩尾望都	新	21・07

てのデッサン 野呂邦暢作品集』。渋いですね。

佐 ちくま文庫は全般人気です。獅子文六に始まる過去作品の掘り起こしもウケています。

——三位が山尾悠子先生。

佐 安定の強さでした。七位の『向田邦子ベスト・エッセイ』は今年、向田さんの没後四十年があったのでその影響も。ちょっと前は三島由紀夫を積んでいたので三島作品がいくつかランク入りしてますね。

——十一位がなぎら健壱さん。

佐 酒場エッセイを中心に固定ファンがたくさんいますから、当然のランクインです。

——人間社文庫の「昭和の性文化」シリーズから第7巻『ピンク映画水滸伝』が十三位。よそであまり見かけないタイトルです。どうやって見きわめて発注しているんでしょうか。

佐 新刊発注時に資料を眺めて

36	梅花下駄 照降町四季 3	佐伯泰英	文	21・06
37	一夜の夢 照降町四季 4	佐伯泰英	文	21・07
38	薬屋のひとりごと 10	日向夏	主	21・01
39	いのちの停車場	南杏子	幻	21・04
40	わたしの幸せな結婚	顎木あくみ	富	19・01
41	ようこそ実力至上主義の教室へ 2年生編 4	衣笠彰梧	M	21・02
42	ビタミンF	重松清	新	03・06
43	余命一年と宣告された僕が、余命半年の君と出会った話	森田碧	ポ	21・01
44	あの星が降る丘で、君とまた出会いたい。	汐見夏衛	ス	20・12
45	てんげんつう	畠中恵	新	21・06
46	マスカレード・イブ	東野圭吾	集	14・08
47	一瞬を生きる君を、僕は永遠に忘れない。	冬野夜空	ス	20・01
48	ダンジョンに出会いを求めるのは間違っているだろうか 17	大森藤ノ	S	21・04
49	盤上の向日葵 下	柚月裕子	中	20・09
50	星の王子さま	サン=テグジュペリ	新	06・03
51	わたしの幸せな結婚 2	顎木あくみ	富	19・07
52	出絞と花かんざし	佐伯泰英	光	21・06
53	神様の御用人 9	浅葉なつ	メ	20・12
54	わたしの幸せな結婚 4	顎木あくみ	富	20・09

36	マイブック—2021年の記録—		新	20・10
37	わが青春の台湾 わが青春の香港	邱永漢	中	21・05
38	文字渦	円城塔	新	21・02
39	ボロ家の春秋	梅崎春生	中	21・06
40	華氏451度 新訳版	R・ブラッドベリ	早	14・06
41	日本のいちばん長い日 決定版	半藤一利	文	06・07
42	禁忌習俗事典 タブーの民俗学手帳	柳田国男	河	21・03
43	荒野の古本屋	森岡督行	小	21・01
44	金曜日の本	吉田篤弘	中	20・12
45	ほろよい味の旅	田中小実昌	中	21・02
46	刀 文豪怪談ライバルズ!	東雅夫編	筑	21・08
47	最後の読書	津野海太郎	新	21・09
48	谷崎マンガ 変態アンソロジー		中	21・08
49	恐怖 アーサー・マッケン傑作選	アーサー・マッケン	創	21・05
50	江戸漢詩選 上	揖斐高編訳	岩	21・01
51	語りえぬものを語る	野矢茂樹	講	20・11
52	思い出トランプ	向田邦子	新	14・06
53	ヨルガオ殺人事件 上	A・ホロヴィッツ	創	21・09
54	蜥蜴の尻っぽ とっておき映画の話	野上照代	草	21・10

いてコアな香りがするものは売れる直感が働きますね。これはうちで動く！って。

ランキングに入っていないけどよく動いたものと言えば、講談社学術文庫の「中国の歴史」のシリーズ。

——講談社の創業100周年企画！ 全集で刊行された「中国の歴史」の学術文庫版です。大きく仕掛けたとか？

佐 いえ、特には。昨年の秋に刊行が始まって、新刊で続刊が出るたびに動くので既刊もずっと面で置いています。

——ジャンルだと、時代小説は弱いですか？ あまりランクインしていないようです。

佐 全国ベストは佐伯泰英さんのランク入り具合がすごいですねえ。

——十作も入っています。なんて多作。東京堂さんは『あきない世傳～』が強いですね。

55	後宮の烏 5	白川紺子	集	20・12
56	盤上の向日葵 上	柚月裕子	中	20・09
57	ブロードキャスト	湊かなえ	角	21・01
58	幼なじみ 新・居眠り磐音	佐伯泰英	文	21・01
59	陰の人 吉原裏同心 36	佐伯泰英	光	21・10
60	涼宮ハルヒの直観	谷川流	角ス	20・11
61	夢をかなえるゾウ 1	水野敬也	響	20・07
62	ようこそ実力至上主義の教室へ 2年生編4.5	衣笠彰梧	M	21・06
63	祈りのカルテ	知念実希人	角	21・02
64	赤い砂	伊岡瞬	文	20・11
65	薬屋のひとりごと 11	日向夏	主	21・04
66	わたしの幸せな結婚 3	顎木あくみ	富	20・02
67	ソードアート・オンライン プログレッシブ7	川原礫	電	21・03
68	木曜日にはココアを	青山美智子	宝	19・08
69	探偵はもう、死んでいる。	二語十	M	19・11
70	神様の御用人 10	浅葉なつ	メ	21・03
71	時効の果て 警視庁追跡捜査係	堂場瞬一	ハ	21・01
72	任侠浴場	今野敏	中	21・02
73	殺した夫が帰ってきました	桜井美奈	小	21・04

55	ペスト	カミュ	岩	21・04
56	戦争は女の顔をしていない	アレクシエーヴィチ	岩	16・02
57	ヴァレリー 芸術と身体の哲学	伊藤亜紗	講	21・01
58	1974年のサマークリスマス 林美雄とパックインミュージックの時代	柳澤健	集	21・07
59	香港世界	山口文憲	河	21・08
60	同時通訳者の頭の中 あなたの英語勉強法がガラリと変わる	関谷英里子	祥	16・03
61	私的読食録	堀江敏幸 角田光代	新	20・12
62	はたらかないで、たらふく食べたい 増補版	栗原康	筑	21・02
63	金子光晴を旅する	金子光晴他著	中	21・06
64	夏物語	川上未映子	文	21・08
65	鬼 文豪怪談ライバルズ!	東雅夫編	筑	21・10
66	日本ハードボイルド全集1 死者だけが血を流す/淋しがりやのキング	生島治郎	創	21・04
67	もう時効だから、すべて話そうか 重大事件ここだけの話	一橋文哉	小	21・05
68	手長姫 英霊の声 1938—1966	三島由紀夫	新	20・11
69	死はこわくない	立花隆	文	18・07
70	これから泳ぎにいきませんか 穂村弘の書評集	穂村弘	河	21・07
71	須永朝彦小説選	須永朝彦	筑	21・09
72	ヨルガオ殺人事件 下	A・ホロヴィッツ	創	21・09
73	あきない世傳 金と銀 11風待ち篇	高田郁	ハ	21・08

佐　加えて、ベスト一〇〇には入ってこないけど、うちの時代小説は池波正太郎、司馬遼太郎、藤沢周平なんです。今でもいろんな作品が売れています。

——お客さんの好みが独特と言える?

佐　本好きが好きそうな本、本好きが知っているコアな版元の本を豊富にそろえている自負はあるので、求めているお客様が来てくれているんでしょうね。哲学思想系も根強く動きます。

岩波の発売日を気にしている方、岩波の復刊を狙っている方がけっこういます。もうすぐですよね、いつごろから並びますか、と聞かれることが多いです。発売日にまとめて動きやすいのは、ちくま文庫と新潮文庫もかな。でも大半は個々のテーマで売れています。専門文庫は単価が高いんだけど、よく動いてくれてうれしいです。

74	フーガはユーガ	伊坂幸太郎	実	21.10
75	15歳のテロリスト	松村涼哉	角	19.03
76	ホワイトラビット	伊坂幸太郎	新	20.06
77	惣目付《そうめつけ》臨検《りんけん》仕《つかまつ》る 抵抗	上田秀人	光	21.01
78	時々ボソッとロシア語でデレる隣のアーリャさん	燦々SUN	角ス	21.02
79	総理の夫 First Gentleman 新版	原田マハ	実	20.11
80	続・魔法科高校の劣等生 メイジアン・カンパニー 2	佐島勤	電	21.04
81	瑠璃の雫	伊岡瞬	角	11.07
82	夜が明けたら、いちばんに君に会いにいく	汐見夏衛	ス	20.05
83	元彼の遺言状	新川帆立	宝	21.10
84	共謀捜査	堂場瞬一	集	20.12
85	後宮の烏 6	白川紺子	集	21.08
86	交換ウソ日記2 ～Erino's Note～	櫻いいよ	ス	20.12
87	ルビンの壺が割れた	宿野かほる	新	20.01
88	人間失格	太宰治	新	06.01
89	青くて痛くて脆い	住野よる	角	20.06
90	ソードアート・オンライン26 ユナイタル・リングV	川原礫	電	21.10
91	この恋は世界でいちばん美しい雨	宇山佳佑	集	21.06
92	危険なビーナス	東野圭吾	講	19.08

74	ぼくらのSEX	橋本治	イ	21.02
75	フェイス・ゼロ	山田正紀	竹	21.06
76	溶ける街透ける路	多和田葉子	講	21.07
77	江戸川乱歩と横溝正史	中川右介	集	20.12
78	全裸監督 村西とおる伝	本橋信宏	新	21.05
79	仮面の告白 新版	三島由紀夫	新	20.11
80	天の血脈 1	安彦良和	中	21.08
81	紙つなげ！ 彼らが本の紙を造っている 再生・日本製紙石巻工場	佐々涼子	早	17.02
82	先端で、さすわさされるわそらええわ	川上未映子	筑	21.04
83	日常的実践のポイエティーク	M・D・セルトー	筑	21.03
84	女が死ぬ	松田青子	中	21.05
85	辺境メシ ヤバそうだから食べてみた	高野秀行	文	20.11
86	19世紀イタリア怪奇幻想短篇集	橋本勝雄編・訳	光	21.01
87	一度だけ	益田ミリ	幻	21.08
88	ゴシック文学入門	東雅夫編	筑	20.09
89	ゴシック文学神髄	東雅夫編	筑	20.10
90	エピクテトス人生談義 上	國方栄二訳	岩	20.12
91	献灯使	多和田葉子	講	17.08
92	身分帳	佐木隆三	講	20.07

――去年（※『おすすめ文庫王国2021』参照）ともがらっと変わっていて。独特の年間ランキングが更新されています。九七位『久保田万太郎俳句集』がキラリ光ります。

佐 岩波の詩集系は『石垣りん詩集』などラインアップがよくて、ここ数年人気です。新刊で終わりではなく、補充するとまた売れるという。

――全国区一位の『そして、バトンは渡された』は、東京堂書店神田神保町店では九四位。

佐 『そして、バトン～』は本屋大賞の受賞で売れる要素はあって、加えて映画化だからでしょうか。映画化でこんなに売れるんだ！ 日販オープンネットのベストランキング、勉強になります。あれこれ読みたくなります。しかし『沈黙のパレード』も『マスカレード・ナイト』も、新刊で入ってきてちゃんと

No.	書名	著者	出版	年月
93	AX アックス	伊坂幸太郎	角	20.02
94	ひとつむぎの手	知念実希人	新	21.04
95	探偵はもう、死んでいる。4	二語十	M	20.11
96	店長がバカすぎて	早見和真	ハ	21.08
97	マスカレード・ホテル	東野圭吾	集	14.07
98	骨を追え ラストライン4	堂場瞬一	文	21.03
99	身分帳	佐木隆三	講	20.07
100	ソードアート・オンライン プログレッシブ8	川原礫	電	21.06

No.	書名	著者	出版	年月
93	草薙の剣	橋本治	新	21.02
94	そして、バトンは渡された	瀬尾まいこ	文	20.09
95	須賀敦子が選んだ日本の名作 60年代ミラノにて	須賀敦子編	河	20.12
96	窓のある書店から 新版	柳美里	ハ	21.08
97	久保田万太郎俳句集	恩田侑布子編	岩	21.09
98	エピクテトス人生談義 下	國方栄二訳	岩	21.02
99	ヨーロッパ美食旅行	野地秩嘉	小	15.08
100	少年の名はジルベール	竹宮惠子	小	19.11

う間に二年目が終わろうとしています。副店長の時とも違いますか。

佐 やっていることはあんまりかわっていないのに、責任がね。最終的には私なんですよね。

――イレギュラーなことが多かった新任店長さん。

佐 まあ、そこはあんまり。それはそれという感じです。一緒に働いているみんなが助けてくれて、ありがたいです。困っていると、たぶんあれでつまづいているんだろう、大変なんだろう、って気づいてレジ番を代わってくれたり。「今、手が空いてますから大丈夫ですよ」って声をかけてくれる。助けてもらっています。（涙）。

――なんだかんだと佐瀬体制ができた。棚も変わってくるでしょうか。

佐 河合さんが作った棚は売れ続けているから外せずにずっと積んでるんですけどね。

――佐瀬さん、自店のランキングには入ってこないけど全国区で人気のベストセラーに詳しいですよね。

佐 店に入荷していますから。他のお店に行ってもチェックしてます。それに自分の好みは漫画中心でぜんぜんマニアじゃないんです。『神様のカルテ』（夏川草介、小学館文庫）を読んで泣いています。

――こうして並べるとどっちも

■コロナ禍を経て

――神保町は、昨年（二〇二〇年）からコロナで人出が減りました。二回の夏をやり過ごし、秋に緊急事態宣言が明けてようやくでしょうか。

――コロナ禍は佐瀬さんの店長就任と重なっていて、二〇二〇年の春に店長になってあっとい

佐 様子見ながらですよね。以前は金曜の夜が週末に読む本の駆け込み需要で混雑していたんです。うちも時短営業が続いているので、少しずつ。

――町で働く人たちが戻ってきた。少しずつですね。

佐 平日も増えてきました。12時台にレジが混みだしてホッとしています。

面白いリストなんです。読み応えあるブックリスト。

佐 世界が倍に広がってこれは楽しい。

はありますね。若干ですけれ

佐 週末を中心に戻っている感じですよね。

東京堂書店神田神保町店ベストの妙

いいなあこのベスト。売りたいと思う本が全部入ってます。宇能鴻一郎の『姫君を喰う話』、傑作ですよね。うちのベストは唯一無二。週刊ベストに入ってる本が版元さんの全国ランクだと四千位とかよくある。ただ、ほかの店で売れているのに動かない本にも、気を配ってました。好みで売れ線を逃したらもったいないですから。

佐瀬店長ってすごい目利きなんです。単店で『返品のない月曜日』（井狩春男・ちくま文庫）復刊を成功させた立役者。企画を立ち上げたもののどの位で成立するのか暗中模索の時、佐瀬さんが提案してくれたんです。全く頭になかったけど神保町でこれ以上はない作品。異議なし！　とスムーズに進みました。二年で五千部を売り切る目利きに感服です。今後の東京堂書店の仕掛けに注目ですよ。

（談・河合靖　２０１２～１９年、東京堂書店神田神保町店店長）

残っていて。それをみて勉強していています。何を選書していたのか。

——背中を見ろ、というより棚を見ろ。

佐　自分が好きなことどんどんやればいいんだよ、って言ってくれました。

ランキングなら一〇年ベストも面白いんですよ。ロングセラーは色川武大、藤原新也に須賀敦子。いつまでも売れるから外せない面々です。

自店ながら、フェアの面白さ、本の並びの面白さは合格点以上のいいお店だと思います。規模も手ごろです。さらに上回る何かを考えるのが私の役目。頑張ります。

おすすめをよく聞かれるので逆手にとって、「薦められて読んだら面白かった本を教えてください」という企画をやろうかと思っていて。

——店長になって前ほどは売り場に出てないと思います。売れてるとか動いてるというのは、どこで感じるんですか。

佐　前ほどではなくてもレジに入ってますし、スリップもデータもこまめに見ています。週刊ベストの更新は私の役目。それと新刊指定をするので、入荷したものがちゃんと売れているか、足りているか。追っかけているので特別なことはないです。私は本というより本屋さんが好きなんですね。こんなにまだ知らない知識がいっぱいある、それだけでうれしくなる。

——緊急事態宣言が明けて、変化はありますか。

佐　ここ二カ月ぐらいなんだけど、若いお客様が増えてるんです。特に学生さんが来てくれているように思います。デートコースの一環で立ち寄ってくれたり、毎週、来てくれていたり。若い方はだいたい大量に買わないで選んで一冊なんです。それがとてもうれしい。学校も再開しているからかな。入口すぐのところには二階や三階にある実用書の新刊も置くようにしていて、入りやすいお店をアピールしています。

——来年三月末で三省堂書店神保町本店が建て替えで休業に入ります。お客さんの流れが変わりそうです。

佐　神保町は書泉さんと三省堂書店さんと東京堂書店との三本柱。ただうちの競合ってそれだけではなく、お客様目線で考えれば坂の上には丸善お茶の水店、東京駅に丸善丸の内本店に八重洲ブックセンター本店、そして通勤時に通るターミナル駅の書店に地元の本屋。数多の選択肢からうちにこだわってくれるお客様をちゃんと摑んでいきたいですね。■

本の雑誌増刊
おすすめ文庫王国2022

2021年12月15日 初版第1刷発行

編　者　本の雑誌編集部
発行人　浜本 茂
印　刷　中央精版印刷株式会社
発行所　株式会社 本の雑誌社
〒101-0051
東京都千代田区神田神保町 1-37
友田三和ビル 5F
電　話　03(3295)1071
振　替　00150-3-50378
定価は表紙に表示してあります
ISBN978-4-86011-465-7　C0095